कर्मठ, जुझारू और सशक्त महिला

किरण बेदी

I0142109

सिद्धार्थ अय्यर

डायमंड बुक्स

SMS New Hindi at
9911044500 for Alert

ISBN : 978-93-5083-088-8
© लेखकाधीन
प्रकाशकः डायमंड पॉकेट बुक्स (प्रा.) लि.
X-30, ओखला इंडस्ट्रियल एरिया, फेज-II
नई दिल्ली
फोन : 011-40712200
ई-मेल : sales@dpb.in
वेबसाइट : www.diamondbook.in

KARMATH, JUJHARU AUR SASHAKT MAHILA: KIRAN BEDI

BY : Siddharth Iyer

समर्पण

मेरे प्रिय माता-पिता के नाम
आज मैं जो भी हूं, उन्हीं के कारण हूं
मैं उस 'ईश्वर' को भी धन्यवाद देना चाहूंगा
जिसने मुझे ऐसे अद्भुत माता-पिता दिए.....!

आभार

मैं हृदय से आभार प्रकट करता हूं :

● डॉ. किरण बेदी का, जिन्होंने मेरे सभी महत्त्वपूर्ण प्रयासों में विशेष रूप से सहयोग व प्रेरणा प्रदान की व मूल रूप से, मेरे विचारों को वास्तविकता का आकार देने में सहायक रहीं। मैम सदैव मुझे अपना आशीर्वाद देने के लिए बहुत-बहुत धन्यवाद!

● मेरे प्रिय अभिनेता व सुपरहीरो 'शक्तिमान' श्री मुकेश खन्ना को प्रस्तावना लिखने के लिए; धन्यवाद शक्तिमान! आपने इस पुस्तक में प्राण-प्रतिष्ठा कर दी।

● मेरे पिता बालकृष्ण, मां उषा व छोटी बहन राधा का; जिनके प्रेम व समर्थन के बिना मैं कुछ न होता व आजीवन दूसरों पर आश्रित बना रहता।

● मेरे स्कूल, एशिया इंग्लिश स्कूल के प्रिंसीपल, अध्यापक व साथी! उनके सहयोग व मार्गदर्शन के बिना मेरी वृद्धि संभव न होती। मैं उन सबको बेहद चाहता हूं।

● एएफएस इंडिया (अमरीकन फील सर्विस) व जेनेसिस (जापान-ईस्ट एशिया नेटवर्क ऑफ स्टूडेंट्स एंड यूथ्स) कार्यक्रम का, जिसने मुझे 2009 में, जापान में भारत के सांस्कृतिक राजदूत के रूप में प्रतिनिधित्व करने का योग्य अवसर प्रदान किया।

- मेरे जापानी मेजबान परिवार के सदस्यों का, अकीरा हीसानो (मेजबान पिता), यासुको हीसानो (मेजबान मां) व शिन्या हीसानो (मेजबान आई), उन्होंने कावाचीनागानो (ओसाका प्रीफैक्चर) में मेरे प्रवास को आरामदेह बनाया।

- गुजरात के मुख्यमंत्री श्री नरेंद्र मोदी का, जिन्होंने मेरे जापान से लौटने के बाद, नए लक्ष्यों की स्थापना व प्राप्ति में पूरा सहयोग दिया।

- डॉ. किरण बेदी के व्यक्तिगत स्टाफ व उनके एन.जी.ओ. नवज्योति व इंडियन विज़न फाउंडेशन का, वे मेरे लिए बहुत सहायक रहे।

- डायमंड पॉकेट बुक्स प्रा. लि. के चेयरमैन श्री एन. के. वर्मा व उनकी समर्पित टीम का, जिन्होंने मेरे कार्य को पुस्तक रूप में प्रकाशित किया।

प्रस्तावना

कभी-कभी मैं अपने आस-पास की दुनिया पर नजर दौड़ाता हूँ तो मुझे अपने देश में अकर्मण्य लोगों की तादात बहुतायत में नजर आती है। या तो हम स्वतंत्रता पाकर खुशियाँ मना कर आलसी हो चुके हैं या फिर आजादी के बाद हमने कोई सीरियस वार नहीं देखी है। इसलिये आजकल की पीढ़ी को आजादी की कीमत का अंदाज नहीं है। हम आजाद है, हम लोकतंत्र के सबसे बड़े राज्य हैं, हम कुछ भी करने को स्वतंत्र है... इस अहसास ने हमे अपने अधिकारों से तो अवगत कराया है लेकिन जिम्मेदारियों, कर्त्तव्यों और त्याग की भावनओं से कोसों दूर धकेल दिया है। अगर खुलकर कहा जाए या कड़वे लफ्ज़ों में कहा जाए तो आज हम अपने ही लोकतंत्र का नुकसान कर रहे हैं। देशभक्ति, अनुशासन, कायदे-कानून को हमने ताक पर रख दिया है और हम सिर्फ इसी में लिप्त है कि हमें क्या मिलेगा, हमे कहां फायदा है? देश का क्या होगा, उसे चलाना हमारी जिम्मेदारी तो है नहीं। वो तो सरकार चलायेगी। हम तो आजाद हैं। कुछ भी कर सकते हैं, कुछ भी कहेंगे, कौन हमें रोक सकता है– कानून, पुलिस ! अरे उसे तो कभी भी तोड़ा या मरोड़ा जा सकता है। ऐसी मानसिकता में जी रहे हैं हम और हमारे देशवासी।

ऐसे में अगर कोई अपनी जिम्मेदारी, दूसरों के प्रति अपने कर्त्तव्यों को

समझ कर कुछ करता है तो मैं उसे शक्तिमान ही कहूँगा और सच मानो तो आज देश में शक्तिमानों की आवश्यकता है। हम करेंगे, हमें करना है, हमें करना चाहिए जैसे जुमलों से उठकर काम करे और चुपचाप बिना स्वार्थ के करता जाए, उसी का नाम शक्तिमान है।

डॉ. किरण बेदी इसी श्रेणी में आती हैं। साधारण नहीं असाधारण श्रेणी में रखा जा सकता है क्योंकि वह कमजोर समझे जाने वाले तबके 'महिला वर्ग', से आती है। पुरुष प्रधान समाज में जो नारी अपने दायरे से निकलकर समाज सुधारने का बीड़ा उठाती है और शक्ति का प्रदर्शन करती है पुरुषों के समुदाय में, वह असल में नारी शक्ति का प्रतीक है और इसलिये मैं किरण बेदीजी को शक्तिमान का दर्जा देता हूँ।

मैंने किरण बेदीजी के बारे में बहुत कुछ सुन-पढ़ रखा था लेकिन मेरी मुलाकात उनसे एक ही बार हुई। वह भी तब जब हम किसी स्कूल के समारोह में एक साथ मुख्य अतिथि बनकर आए थे। उस फंक्शन में पूरे देश के करीबन 1200 प्रिंसिपल मौजूद थे और वहां उनके सामने वह बोलीं- एक स्टूडेंट बन के, एक समाज सुधारक बनके, एक मोटीवेटर बनके वह बहुत अच्छा बोलीं... जो कुछ मैंने सुना था उनके बारे में वैसा ही पाया मैंने। एक कमाल का मोटीवेशन नजर आया उनमें मुझे; अपने काम, अपने मिशन के बारे में। आज के समाज में हम अपना काम कम और दूसरों के कार्यों की चीर-फाड़ ज्यादा करते हैं। मुझे किरण बेदी उन सबसे हटकर नजर आई। ...और क्यों न हटकर वह हों क्योंकि जिंदगी में सब काम उन्होंने हटकर ही किया है। जिस समाज में स्त्री, शादी करके घर संभालती है, पतिदेव के आगे घूँघट ओढ़कर चरण स्पर्श करती है, वहां किरण बेदी अपने बाल मर्दाना कट करवा के समाज को सुधारने को निकल पड़ीं। यह बहुत जरूरी था क्योंकि उन्हें जूझना था मर्दों से ही। वो हमारे देश की प्रथम महिला आईपीएस अधिकारी बनीं। यही नहीं उन्होंने अति महत्वपूर्ण मैग्सेसे अवार्ड भी जीता। जहां औरतों का काम अपने घर-परिवार के सदस्यों का आना-जाना, रहना आरामदेय बनाना रहता है वहां किरण बेदी जैसी जुझारू महिला निकल पड़ीं महानगरी दिल्ली की चिल्ल-पौं करती नेक टू नेक गाडियों की ट्रैफिक को व्यवस्थित करने। जहां हर कोई जेल से दूर रहना चाहता है, शातिर अपराधियों, टपोरियों और माफिया के बाशिंदों से कोसों मील दूर रहना चाहता है, वहां डॉ. किरण बेदी अपनी मर्जी से जूझ गई उन

कैदियों से। मकसद; उनकी जिंदगी में थोड़ी समझ, थोड़ी सूझबूझ, थोड़ी इंसानियत, थोड़ी रूहानियत डालने की थी। इस अनोखे और मुश्किल काम में उनकी तारीफ कम नहीं हुई। इसे अलग हटकर काम करना नहीं कहा जाए तो क्या कहा जाए।

मैं हमेशा उनके साहस, उनके इरादे, कर्त्तव्यपरायणता और कार्य के प्रति समर्पण की भावना का कायल रहा हूँ। अगर आज समाज का हर नागरिक इसी तन्मयता और जिम्मेदारी से अपने कर्त्तव्यों में जुट जाए तो भारत को सुपर पावर बनने से कोई नहीं रोक सकता।

निःस्वार्थ सेवा का इससे बड़ा उदाहरण नहीं हो सकता कि उन्होंने खुद रिटायरमेंट ली और अपना सारा वक्त सामाजिक कार्यों को समर्पित कर दिया। कभी टी.वी. एंकर बनकर तो कभी सामाजिक कार्यकर्ता या गेस्ट लेक्चरर बनकर।

अब आते हैं **सिद्धार्थ अय्यर** पर। उसके और मेरे बीच में एक अजीब रिश्ता है। वह मुझे मुकेश खन्ना कम शक्तिमान ज्यादा मानता है और कारण भी जायज है। वह मुझसे जब पहली बार मिला तो मैं शक्तिमान की पोशाक में था और वह पहली क्लास का छात्र। अहमदाबाद में जहां मैं एक प्रोमोशन शो में था वहां अपने पिता के साथ वह मेरा आटोग्राफ लेने आया था। वह भी अपने नन्हें हाथों से स्केच की हुई मेरी शक्तिमान की तस्वीर पर। मैंने उस स्केच पर लिखा–'खूब पढ़ो और शक्तिमान बनो।' उससे मेरा दूसरा सामना हुआ मेरे कार्यालय में जहां वह अपने पूरे कदकाठी में मेरे सामने खड़ा था। उसी बचपन की फोटो दिखाकर बताया कि देखो यहां मैं आपसे मिला था।

उसने कहा कि वह शक्तिमान का बहुत बड़ा फैन है और उसके पास शक्तिमान के सैकड़ों फोटो और चित्र हैं। मैं न सिर्फ इस मुलाकात के इस संयोग से प्रभावित हुआ बल्कि मुझे इस बात की भी खुशी हुई कि उसके अंदर अभी भी बालपन की उत्सुकुता बरकरार है। साथ ही कुछ करने की महत्त्वाकांक्षा भी। वह पत्रकारिता की राह पर चल चुका था और मुझे लगा कि वह इस राह पर का एक अच्छा राही बन सकता है। दूसरी बार जब वह मुझसे मिला तो न सिर्फ उसने मेरा इंटरव्यू लिया बल्कि एक पेशेवर पत्रकार की तरह उसे वीडियोग्राफ भी किया।

उसके अंदर मुझे सुलगते हुए उत्साह के दर्शन हुए और मुझे बहुत ही

अच्छा लगा जब उसने कहा की वो डॉ. किरण बेदी पर एक पुस्तक लिख रहा है। अच्छा लगने का कारण ये नहीं था कि वो इस छोटी-सी उम्र में किताब लिख रहा है बल्कि ये कि उसने अपनी पहली ही किताब के विषय के लिए किरण बेदीजी को चुना।

इतनी कम उम्र के सिद्धार्थ के लिए किरण बेदी की सफलताओं पर लिखना बहुत मायने रखता है। दोनों कुछ कर गुजरने की ख्वाहिश रखते हैं और मुझे विश्वास है कि वह उनके साहस, इरादे और कर्त्तव्यपरायणता को सही ढंग से उजागर करेगा। इसकी पूरी संभावना थी कि शक्तिमान का एक बहुत बड़ा फैन डॉ. किरण बेदी के कारनामों से प्रभावित होगा। तभी मैंने बेदीजी को शक्तिमान का टाइटल दिया है।

मुझे आशा है यह किताब हमारे देश के वर्तमान और कल के भविष्य बनने वाले बच्चों के दिमाग को एक नयी दिशा देगी कि कितनी ही मुश्किलें आयें, अगर हौसला बुलन्द हो, काम के प्रति ईमानदारी हो और लक्ष्य साफ हो तो हम कुछ भी बन सकते हैं। किसी भी मुकाम को हासिल कर सकते हैं।

मैं डॉ. किरण बेदी को शक्तिमान की तरफ से ढेर सारी शक्तियाँ देना चाहूँगा कि वो इसी तरह से समाज को समर्पित रहें और सिद्धार्थ अय्यर को भीष्म पितामह की तरफ से वह आशीर्वाद देना चाहूँगा जो प्रिय अर्जुन को दिया करते थे– 'विजयी भव! इसी तरह से और भी प्रभावशाली किरदार की बायोग्राफी लिखते रहो और जीवन-भर प्रेरणा बने रहो।'

जय हिंद,

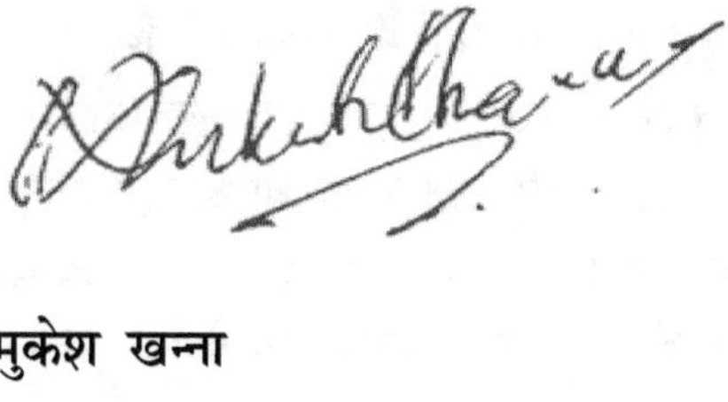

मुकेश खन्ना

भूमिका

मुझे एक विशेष छात्रवृत्ति कार्यक्रम के अधीन, 2009 में; जापान के लिए भारत का सांस्कृतिक राजदूत चुना गया। मैं 3 से 17 नवंबर, 2009 तक जेलेसिस (जापान-ईस्ट एशिया नेटवर्क ऑफ स्टूडेंट्स एंड यूथ) कार्यक्रम के अंतर्गत जापान गया जिसे ए.एफ.एस. (अमरीकन फील्ड सर्विस) द्वारा आयोजित किया गया था। इसी दौरान डॉ. किरण बेदी से भेंट का सुअवसर बना व दिन-ब-दिन, उनके सहयोग में वृद्धि होती गई। अब मैं स्वयं को उनके 'प्रिय छात्र' के रूप में पाता हूं। डॉ. बेदी से संपर्क का उद्देश्य यही था कि मैं जापानी लोगों के सामने मिसाल पेश करना चाहता था कि किस तरह एक भारतीय महिला देश के समर्पित व महत्त्वपूर्ण परिवर्तन कारकों में से एक हो सकती है।

चूंकि मैं भारत व भारतीय संस्कृति का प्रतिनिधित्व कर रहा था, अतः मुझे लगा कि मुझे डॉ. किरण बेदी के विषय में भी लोगों को बताना चाहिए, जो मेरे लिए मार्गदर्शक व प्रेरणास्त्रोत रही हैं। उन्होंने बड़ी ही तत्परता से प्रतिक्रिया दीं व एक अध्यापक के रूप में अपने प्रिय छात्र को हरसंभव सहायता का वचन भी दिया। तभी से वे मेरे लिए मातृवत् रही हैं।

16 दिसंबर, 2009 को, मैंने टोक्यो के प्रसिद्ध ओलंपिक स्टेडियम में 1500 लोगों की सभा को संबोधित किया; जिनमें 7 एशियाई देशों से आए अध्यापक व छात्र, स्थानीय जापानी स्कूल, विश्वविद्यालय छात्र, स्वयंसेवक, जापानी दूतावास के सदस्य व ए.एस.एफ. जापान के राष्ट्रीय प्रमुख शामिल थे। मुझे अपनी भारतीय संस्कृति, इसकी शांतिप्रियता, आध्यात्मिक व आर्थिक विकास से जुड़ी अनेक बातें बांटनी थीं। मैंने उन्हें बताया कि मेरे जापान प्रवास के अनुभव ने, मुझे शांति व संस्कृति का सच्चा राजदूत होने का दृष्टिकोण प्रदान किया है। मुझे पूरा विश्वास है कि जब हम दूसरों से मिलते हैं तो हमारे वैश्विक नज़रिए में अंतर आता है, जो समस्याग्रस्त विश्व में शांति लाने में सहायक हो सकता है।

अंत में, मैंने उस अवसर पर डॉ. किरण बेदी की चर्चा की, जो वहां विशेष रूप से लड़कियों व महिलाओं के लिए आश्चर्य का विषय था। जब मैंने उन्हें बताया कि वे डॉ. बेदी की वेबसाइट पर उनसे प्रत्यक्ष संपर्क कर सकते हैं, तो वे बहुत प्रसन्न हुए। तभी से मैं उनकी एन.जी.ओ., नवज्योति इंडिया फाउंडेशन की इंटर्नशिप में हिस्सा ले रहा हूं। फेसबुक पर उनके नाम से 'किरण बेदी-द वूमन ऑफ सब्सटैंस' (www.facebook.com/thekiranbedi) फैन पेज भी खोल रखा है, ताकि प्रशंसकों को उनके वर्तमान कार्यों व प्रयासों का पता चलता रहे।

उनकी सर्वाधिक चर्चित पुस्तक थी 'हिम्मत है!' इसके अतिरिक्त उन्होंने अनेक पुस्तकें लिखीं, जैसे–'जैसा मैंने देखा', 'यह हमेशा संभव है' आदि। ये पुस्तकें वयस्कों के लिए थीं। इनमें सूचना का भंडार शामिल है, किंतु किशोरों के लिए कोई पुस्तक नहीं लिखी गई। मुझे लगा कि किशोरों को भी डॉ. बेदी की महान उपलब्धियों का परिचय दिया जाना चाहिए, किंतु पुस्तक लेखन इतना सहज नहीं था। मेरा लेखन स्कूल के समाचार पत्र के लिए निबंधों व परीक्षा के दौरान लिखे निबंधों तक ही सीमित था। जो भी हो, मैंने पूरे समर्पित भाव से तय किया कि मैं यह पुस्तक लिखूंगा ताकि डॉ. बेदी के विषय में कौतूहल व जिज्ञासा रखने वाले किशोर पाठक भी लाभ पा सकें। नवज्योति से इंटर्नशिप के दौरान, मैंने डॉ. बेदी के बारे में किशोरों से बात करना आरंभ किया।

उन्होंने अल्पायु के बावजूद पूरा उत्साह दर्शाया। वे किरण जी की पुलिस अधिकारी व टी.वी. शो (आपकी कचहरी) की मेजबान भूमिका से विशेष रूप से प्रभावित थे। कई लड़कियों ने मुझसे कहा कि वे भी किरण जी की तरह बड़ी होकर राष्ट्र की सेवा करना चाहती हैं। इस तरह इस पुस्तक-लेखन के विचार ने गंभीर रूप लेना आरंभ कर दिया। भारत की पहली महिला पुलिस अधिकारी के बीते कल का लेखा-जोखा ही पुस्तक का लक्ष्य था क्योंकि एक दिन इतिहास के पन्नों पर उनका नाम स्वर्णाक्षरों में लिखा होगा। मैं डॉ. किरण बेदी का आभारी हूं जो इस पुस्तक लेखन की पूरी प्रक्रिया में मेरी प्रेरणास्रोत रहीं।

यह पुस्तक उनके प्रिय छात्र की ओर से उनके लिए एक श्रृद्धांजलि है, जो सदा उन्हें अपना प्रेरणास्रोत मानता रहेगा.....।

शुभकामनाओं सहित

सिद्धार्थ अय्यर

विषय-सूची

परिचय

जो व्यक्ति अपने उत्तरदायित्वों से भी परे जाकर, मानवता की सेवा में जुटते हैं, वे विशेष लोग कहलाते हैं। किरण बेदी भी उन्हीं में से एक हैं। एक महिला व अधिकारी के रूप में उनकी करुणा, चिंता व वचनबद्धता ने विशेष रूप से पहचान पाई, फिर भले ही वह मादक द्रव्यों के नियंत्रण का क्षेत्र हो या फिर खेल प्रशासन।

वे भारतीय पुलिस सेवा में, पहली उच्च पदस्थ महिला अधिकारी हैं जिन्होंने पुलिस व्यवस्था को नए मानवीय पहलू दिए; जिनमें संकल्पशक्ति, समर्पण, कार्य के प्रति पूरी निष्ठा, नई खोजी प्रवृत्ति, करुणा व कभी पीछे न हटने वाला रवैया शामिल हैं।

'भारत की सबसे चहेती व प्रशंसनीय महिला' के रूप में चुनी गई किरण बेदी एक जानी-मानी पुलिस अधिकारी हैं; जिन्होंने अनेक पुरस्कार व उपाधियां पाईं; इनमें सरकारी सेवा के लिए मिला रैमन मैग्सेसे पुरस्कार विशेष रूप से उल्लेखनीय है। 1993 से 1995 के दौरान, तिहाड़ जेल में किए गए सुधारात्मक कार्यों के लिए ही उन्हें यह पुरस्कार प्रदान किया गया। उन्होंने भारतीय पुलिस सेवा के दौरान अनेक निर्णयों में अहम भूमिका निभाई, जिनमें मादक द्रव्यों पर नियंत्रण, यातायात प्रबंधन व अति विशिष्ट व्यक्तियों की सुरक्षा आदि उल्लेखनीय हैं।

किरण अपने पूरे कैरियर के दौरान (वे 1972 में भारतीय पुलिस सेवा में शामिल हुईं।) विभिन्न नियुक्तियों के साथ सामने आई चुनौतियों का सामना किया; फिर वह पुलिसिंग हो या जेल प्रबंधन या प्रशिक्षण प्रदान करना, उन्होंने देश-विदेश के लाखों लोगों से प्रशंसा व आदर-मान पाया।

वे पूरे साहस व धैर्य के साथ राह की बाधाएं पार करती गईं। उनकी व्यावसायिक उपलब्धियां सदा चर्चा व प्रशंसा का विषय रहीं। उन्होंने अपराधों की रोकथाम के लिए सुधारात्मक नीतियां अपनाईं व ऐसी

कार्यशैली प्रस्तुत की जो पूरे साहस के साथ नियम व व्यवस्था लागू करने की क्षमता रखती है, यहां तक कि प्रभावशाली व विशिष्ट व्यक्ति भी उनके नियम-कानूनों के लिए अपवाद नहीं थे।

उन्होंने पीसकीपिंग ऑपरेशन विभाग में, सैक्रेटी जनरल के पुलिस सलाहकार के रूप में; संयुक्त राष्ट्र के साथ भी कार्य किया। उन्होंने अपराध निवारण, मादक द्रव्यों की रोकथाम, जेल सुधार, महिलाओं के मुद्दों व पीसकीपिंग ऑपरेशनों पर संयुक्त राष्ट्र व अंतर्राष्ट्रीय फोरमों में भारत का प्रतिनिधित्व किया।

वे पांच पुस्तकें लिख चुकी हैं तथा शीर्षस्थ समाचार-पत्रों, दैनिक-पत्रों व पत्रिकाओं में नियमित रूप से स्तंभलेखन करती हैं। अनेक राष्ट्रीय व अंतर्राष्ट्रीय मंचों से विविध सामाजिक, व्यावसायिक व नेतृत्व संबंधी मुद्दों की वक्ता भी रही हैं।

वे दो गैर-लाभकारी संस्थाओं की संस्थापक हैं, नवज्योति व इंडिया विज़न फाउंडेशन। वे इन संगठनों को स्वयं देखती हैं, जो प्रतिदिन 11,000 से भी अधिक व्यक्तियों तक अपने लाभ व सुविधाएं पहुंचाती हैं। ये दोनों एन जी ओ मादक द्रव्यों के उपचार व पुनर्वास, कैदियों के बच्चों की स्कूली शिक्षा, शहरी व देहाती निर्धनों की शिक्षा, सलाह व स्वास्थ्य की देखरेख जैसे विषयों पर कार्यरत हैं।

वे एक प्रसिद्ध टी.वी. शो (आपकी कचहरी) में एक जज की भूमिका निभाती आई हैं; जो व्यक्तियों व परिवारों के आपसी विवाद सुलझाने हेतु माध्यम बनता है। वे एक लेखक स्तंभकार व रेडियो शो की मेजबान भी हैं। वे अपने जीवन पर बनी एक जीवनी वृत्तचित्र फिल्म 'यैस, मैडम सर' का प्रमुख विषय रही हैं। यह अंतर्राष्ट्रीय रूप से ख्याति प्राप्त व पुरस्कार विजेता फिल्म है।

1. वह बचपन

9 जून, 1949, पंजाब में अमृतसर नामक स्थान में प्रकाश व प्रेमलता पेशावारिया के यहां एक कन्या ने जन्म लिया, जो अपनी चार बहनों में से दूसरे स्थान पर थी, बच्ची का नाम रखा गया 'किरण'। वे एक ऐसी महिला के रूप में विख्यात हैं; जो संपूर्ण मिशन भाव के साथ; अपने सपनों की राह में आने वाली प्रत्येक बाधा से संघर्ष करके आगे बढ़ना जानती हैं।

उनका जन्म पेशावार (अब पाकिस्तान में) के एक पितृसत्तात्मक संयुक्त परिवार में हुआ, जो बाद में अमृतसर में आकर बस गया था। वे एक भूमिसंपन्न परिवार से हैं; पुलिस सेवा तो दूर, वे अपने परिवार की पहली सदस्य थीं, जिसने सरकारी सेवा में प्रवेश किया। विभाजन के कुछ समय बाद जन्मीं किरण का पालन-पोषण एक ऐसे परिवार में हुआ, जो राष्ट्रवादी भावनाओं से ओतप्रोत था। परिवार में महात्मा गांधी व पंडित नेहरू को विशेष आदर-मान दिया जाता।

किरण एक विशाल दो मंजिले मकान में पलीं बढ़ीं, जिसमें बहुत सारे कमरे, बड़े बरामदे व उनके दादाजी का अस्तबल था। वे अपने माता -पिता व भाई-बहनों के साथ निचले तल पर रहती; दादा जी का परिवार ऊपरी मंज़िल पर था। वे जानती थीं कि अधिकांश भारतीय बच्चों की तुलना में उनका जीवन कितना विशेष रहा।

किरण का मिश्रित हिंदू-सिक्ख परिवार पूरी तरह से धार्मिक न था, बच्चे दोनों परंपराओं में पलते। वे परिवार के साथ विविध नैतिक चर्चाओं में भाग लेतीं; जो उन्हें धैर्य, संयम व दृढ़ता का पाठ पढ़ाते।

रात्रिभोज के समय हर बच्चा अपनी बात कहता। स्कूल व खेलों से जुड़ी हर चुनौती पर चर्चा होती। माता-पिता बड़े धैर्य से सब सुनने के बाद सवाल करते। बहनें भी आपस में पूछतीं कि वे और बेहतर प्रदर्शन कैसे दे सकती थीं? उन मुलाकातों का गहरा असर पड़ा। उन्होंने किरण को सिखाया

कि सदैव अपने उचित व्यवहार पर अडिग रहो व दूसरों के उचित व्यवहार को भी आदर मान दो।

किरण के माता-पिता ने कभी अपनी बेटियों को बोझ या दायित्व नहीं माना। उन्होंने बेटियों को अच्छी-से-अच्छी शिक्षा, खेल गतिविधियां व हरसंभव रचनात्मक गतिविधियों से जोड़ा ताकि वे आत्मविश्वास से भरपूर व आत्मनिर्भर बन सकें।

उन्होंने अपनी लड़कियों को इस रूप में कभी नहीं देखा, जिनके लिए पति तलाशने होंगे, वे उनके लिए उन बच्चों की तरह थीं, जो बड़े होकर पहले अपना कैरियर बनाते हैं। किरण के पिता प्रधानमंत्री नेहरू जी का नाम लेते हुए उन्हें प्रेरित करते कि वे भी भारत के भविष्य में महिलाओं के भावी योगदान की चर्चा करते हैं। किरण की मां, पुत्रियों को दूसरों पर निर्भर रहने के खतरों से सावधान करती। 'आत्मनिर्भरता' ही उनके जीवन का मंत्र था, उन्होंने बेटियों को भी यही सौंपा व किरण ने आजीवन इसे अकाट्य सत्य के रूप में अपनाया।

इस प्रकार किरण ने तय किया कि वे किसी दूसरे के पदचिन्हों या अपेक्षाओं के अनुसार चलने की बजाय अपनी तरह से जीएंगी। माता-पिता से प्राप्त प्रेरणा व प्रोत्साहन के बल पर किरण आगे बढ़ती गईं। यहां तक कि सात-आठ साल की आयु से ही उनका यह कहना था कि वे बड़ी होकर देश की सेवा करेंगी। उनके मन में यह भाव सरकारी सेवा में किसी उच्चपद तक जाने से ही जुड़ा होता था।

> **डॉ. किरण बेदी ने कहा :** बचपन में बालकों को मिले मूल्य हमेशा बने रहते हैं। माता-पिता व शिक्षा तंत्र; इन मूल्यों को स्थापित करने में महत्त्वपूर्ण भूमिका निभाते हैं। संपूर्ण विकास के लिए शिक्षा व खेलकूद दोनों ही बालक के श्रेष्ठ जीवन की भूमिका सशक्त बनाते हैं।

कर्मठ, जुझारू और सशक्त महिला : किरण बेदी

2. माता-पिता रोल मॉडल

किरण के माता-पिता उनके रोल मॉडल थे यानी वे उनके आदर्श थे। वे अपने माता-पिता के लिए सम्मान अर्जित करना चाहती थीं क्योंकि उन्होंने अपनी पुत्री के लिए सब कुछ किया, वे भी माता-पिता के लिए सब कुछ करना चाहती थीं। वे प्रार्थना करतीं कि ईश्वर उन्हें इतनी योग्यता दे कि वे अपने माता-पिता के त्याग व बलिदान को सार्थक कर सकें; उन्होंने जो भी दिया, वे उससे अधिक लौटा सकें। किरण के पिता एक प्रतिभाशाली टेनिस खिलाड़ी थे व मां एक प्रतिभाशाली छात्रा थीं, जिन्हें कम आयु में विवाह होने के कारण ही पढ़ाई छोड़नी पड़ी। वे दृढ़-निश्चयी थे कि उनकी पुत्रियों को अपने जीवन के लक्ष्य पाने का भरपूर अवसर प्राप्त हो। उन्होंने पुत्रियों को आत्मविश्वासी व आत्मनिर्भर बनाया ताकि वे स्वयं अपने चुनावों के बल पर जीवन में आगे आ सकें। उनके लकड़दादा, लाल हरगोविंद एक सच्चे खरे पठान थे, जो पेशावर से अमृतसर आए। वहां उन्होंने कालीन-निर्माण इकाई व बर्तनों की फैक्ट्री खोली, जो बहुत फले-फूले। उन्होंने अपना व्यापार पचास हजार से आरंभ किया व अपने जीवनकाल में उसे बीस गुना बढ़ा लिया था। वे अपने पीछे इतनी संपत्ति छोड़ गए कि पेशावारिया परिवार को पीढ़ी-दर-पीढ़ी न केवल व्यापार में वृद्धि करने का बल्कि फलने-फूलने का भी मौका मिला।

किरण के परदादा लाला छज्जूमल सीधे-साधे धार्मिक इंसान थे, किंतु उनके दादा लाला मुन्नीलाल कुछ अलग किस्म के व्यक्ति थे। उन्होंने बारह वर्ष की आयु में स्कूल छोड़ा व चार वर्ष तक घर पर ही अंग्रेज़ी की शिक्षा ली। बीसवीं सदी के आरंभ में ही उन्होंने अपने दादा से 50,000 रुपए उधार लिए व पिता की कपड़े की थोक दुकान के ऊपर अपना कार्यालय खोल लिया। उन्होंने इंग्लैण्ड में कपड़ा-निर्माताओं के साथ बड़ी मेहनत से सीखी अंग्रेज़ी भाषा में पत्र-व्यवहार किया। बहुत जल्दी ही,

वे मैनचेस्टर से प्रसिद्ध 926 मलमल व ब्रेडफोर्ड से सलेटी व सफेद रंग की इतालवी फ़लालेन का आयात करने लगे। उन्होंने एक सूखा तालाब खरीदकर, उस पर एक धर्मशाला बनवाई व उसे अपने धार्मिक प्रवृत्ति वाले पिता को समर्पित किया। आज हरिद्वार, वृंदावन व अमृतसर में पेशावारियां धर्मशालाएं हैं, जिन्हें परिवार द्वारा गठित एक न्यास चलाता है। लाला मुन्नीलाल के लिए चार पोतियां किसी भारी दायित्व से कम नहीं थीं। वे अपने समाज के जाने-माने सदस्य थे, प्रायः कानूनी मामलों में उनका परामर्श लिया जाता, वे काफी रोबदाब वाले थे। उन्हें खेलों से लगाव था, पैसे की पाई-पाई का हिसाब रखते थे, उस इलाके में बहुत पहले से उनके पास मोटरकार व ड्राइवर आ गए थे।

किरण के पिता, प्रकाश लाल पेशावारिया चार भाई व तीन बहनें हैं, वे तीसरे नंबर पर हैं। वे एक संवेदनशील युवक थे, समाज में महिलाओं की हीन भूमिका देख द्रवित हो उठते, वे यही सोचते थे कि उनकी पुत्रियों को समाज में कभी ऐसी स्थिति का सामना न करना पड़े। उनके पिता हिंदू व मां सिक्ख थीं, किंतु परिवार इतना धार्मिक न था। यद्यपि वे प्रायः मां के साथ गुरुद्वारे जाते। किरण के पिता टेनिस खेलने में विशेष रुचि लेते। किरण याद करती हैं कि किस तरह उनके पिता पारिवारिक व्यवसाय की मांग को नज़रंदाज करते हुए, रोज़ शाम को टेनिस खेलने जाते। किरण के दादा प्रतिवर्ष अमृतसर सर्विस क्लब में परिवार के सदस्यों की सदस्यता राशि देते; इसी कंट्री क्लब ने किरण के जीवन में एक महत्त्वपूर्ण भूमिका निभाई। उनके परिवार की तीन पीढ़ियां क्लब की सदस्य चली आ रही थीं, ऐसा ही उनके भावी पति के परिवार में भी था।

बीस वर्ष की आयु में, 18 फरवरी 1942 को प्रकाशलाल का विवाह, अमृतसर के धार्मिक व संपन्न परिवार के लाला बिशनदास अरोड़ा की बेटी जनक से हुआ। लालाजी प्रतिदिन दान-पुण्य किए बिना व निर्धनों को भोजन कराए बिना, नाश्ता नहीं करते थे। देखभाल, बांटने व देने की यही प्रवृत्ति किरण के घरेलू जीवन का स्थायी अंग रही। यही दूसरों की सेवा किरण के लिए आजीवन आदर्श मूलमंत्र रहा।

जनक ने 14 वर्ष की आयु में ही रतन, भूषण व प्रभाकर सहित दसवीं की परीक्षाएं पास कर ली थीं, बाद में उनका नाम बदलकर 'प्रेमलता' रख दिया गया। छोटी उम्र में विवाह के कारण आगे की पढ़ाई संभव न हो

कर्मठ, जुझारू और सशक्त महिला : किरण बेदी

सकी। अल्पायु में विवाह ने प्रेमलता जैसी प्रतिभाशाली छात्रा के शैक्षिक कैरियर को वहीं समाप्त कर दिया। एक पत्नी व मां के रूप में अपनी भूमिकाएं निभाते-निभाते; उन्हें आगे की पढ़ाई के लिए विश्वविद्यालय जाने का अवसर ही नहीं मिला। वे नहीं चाहती थीं कि उनकी पुत्रियों के साथ भी ऐसा ही हो। यद्यपि वे घरेलू कामकाज में बेटियों से थोड़ी-बहुत मदद लेतीं, पर उन्होंने किसी को भी, कभी खाना पकाना नहीं सिखाया। इसकी बजाय वे उन्हें पढ़ने के लिए प्रोत्साहित करतीं।

किरण का कहना है कि शिक्षा व खेलों के प्रति लगाव, उन्हें माता-पिता के वंशक्रम में दायस्वरूप प्राप्त हुआ। प्रकाश लाल को सकारात्मक व प्रेरणादायक पुस्तकें पढ़ना बहुत भाता था। (डेल कारनेगी व नॉरमन विन्सेंट पील जैसे लेखक) किरण को आज भी याद है कि वे अपनी पुत्रियों को देर रात गए उठाते व उन्हें उस अंश को पढ़कर सुनाते, जो उन्हें अच्छा लगता, फिर वे सोने जाते। तब वे 'कुछ करने कुछ पाने व जीतने की ऊर्जा' से भरपूर होते।

जब प्रकाशलाल ने पहली पुत्री शशि का दाखिला एक अच्छे कैथोलिक कान्वेंट स्कूल में करवाया तो उनके पिता को बहुत बुरा लगा क्योंकि इस बारे में उनकी राय नहीं ली गई थी। मुन्नीलाल ने पुत्र को पारिवारिक भत्ता देना बंद कर दिया। प्रकाशलाल ने श्वसुर से प्राप्त सहायता लेते हुए, आर्थिक रूप से स्वतंत्र होने की घोषणा की व परिवार के साथ वहां से निकल आए। किरण के दादा परिवार के लिए जो धनराशि देते थे, वह मांगें पूरी करने के लिए पर्याप्त नहीं होती थी। कई अवसरों पर, कुछ खास खर्चों के लिए किरण की मां को अपने परिवार से सहायता लेनी पड़ती। किरण कहती हैं कि उनके माता-पिता ने आजीवन बच्चों की मांगों के लिए अपने हितों का बलिदान किया। किरण के लिए उनके माता-पिता ही सदा रोल-मॉडल रहे। उन्होंने ही शिक्षा व खेल को किरण के जीवन से जोड़ा। माता-पिता रूढ़िवादी परिवार से संबंध रखने व अल्पायु में विवाह के कारण अपनी महत्त्वाकांक्षाएं पूरी नहीं कर सके। उनकी दमित इच्छाएं ही बेटियों के विकास में आगे आईं। माता-पिता ने ऊंचे स्तर के जो मानदण्ड स्थापित किए, उन्हीं के कारण, उनकी पुत्रियों में खेल व शिक्षा में उत्कृष्ट स्थान पाने की तड़प पैदा हुई। किरण का मानना है कि अपने माता-पिता का योगदान न मिलता तो वे आज कुछ न होतीं। संभवत: वे भी आजीवन दूसरों

पर निर्भर रहतीं। वे कहती हैं है कि यदि उनका पुनर्जन्म हो तो, वही उनके माता-पिता बनें..................।

किरण के लिए माता-पिता के कहे या लिखे शब्द किसी अनमोल ख़जाने से कम नहीं हैं। ये अनमोल कोष, उनकी सकारात्मक ऊर्जा को प्रवाहित रखने में, आजीवन सहायक रहा है।

यहां किरण के पिता द्वारा लिखा गया ऐसा ही एक पत्र दिया जा रहा है, जिसे आने वाली पीढ़ियों के लिए संभाल कर रखा जाना चाहिए।

12/1/1975

श्रीमती किरण बेदी, आई पीएस

कमरा नं. 18, जी ओ मैस,

किंग्सवे कैंप,

दिल्ली-9

किरण बेटी,

तुम्हारे पत्र मिले व मैं सब कुछ विस्तार से जानकर प्रसन्न हूं। यह एक वास्तविक उपलब्धि है, जो तुम्हारे पिछले व वर्तमान रिकॉर्डों की ताकत है। ईश्वर महान है। उन्होंने तुम्हें तुम्हारी ईमानदारी, परिश्रम व गंभीरता का उपहार दिया है।

अब आगे बढ़ो, जोकि तुम्हें अब करना चाहिए। तुम एक व्यावहारिक व्यक्ति हो व तुम्हें अपनी दूसरी योग्यताओं का भी प्रयोग करना होगा। जरा सोचो, कोई भी कल्पनाशील व्यक्ति तुम्हारे इस पद पर होता तो क्या करता? इस तरह तुम वह सब कर पाओगी, जो कोई सोच भी नहीं सकता। यह भी अच्छी बात है कि तुम अपने से अगली सीढ़ी पर खड़े लोगों से सारी जानकारी व ज्ञान पा रही हो। तुम उसके कार्य को अपेक्षित सुधार के साथ प्रस्तुत कर पाओगी। बेटी, मैं तुम्हारी 26 जनवरी के लिए दिल्ली नहीं आ सकूंगा क्योंकि कुछ बहुत ही महत्त्वपूर्ण कार्य करने हैं।

मुझे रेडियो की कमेंट्री व टी.वी. में कार्यक्रम को अपने लिए टेप करना होगा। शेष फिर.....

लव

डैडी

किरण का अपनी मां के नाम पत्र, जिन्हें वे अपने जीवन की हर सांस के साथ याद करती हैं :

7, केसरी बाग

अमृतसर—143001

धन्यवाद मां.....

मम्मा, मैं आपको जीवन की हर सांस में याद करती हूं। यह भी जानती हूं कि आप मुझे कितना प्यार करती हैं।

आप मुझे इस कठोर संसार में लाईं किंतु मुझे इसकी चुनौतियां समझने के योग्य भी बनाया।

हमने एक बार भी नहीं सुना कि आप पुत्र के अभाव में स्वयं को असुरक्षित पाती हैं।

आपने अपने जीवन का एक-एक क्षण हमारे लिए बलिदान कर दिया—हम चार बहनों के लिए।

मम्मा आपने हमें सदा पौष्टिक आहार दिया। हमें स्वस्थ रखा। हमारे आराम का पूरा ध्यान रखा। हमें समय की कद्र करना सिखाया क्योंकि आप स्वयं समय का मान रखती थीं। आपने शिक्षा के प्रति प्रेम जागृत किया। तभी तो हम आज भी जिज्ञासु छात्राएं ही हैं। मैंने कभी आपको समय नष्ट करते या व्यर्थ की गप्पे मारते नहीं देखा। मैंने आपको या तो हमारा काम करते, हमारे साथ टेनिस के मैदान में या फिर क्लब में देखा; जहां डैडी टेनिस, विलियर्ड या शतरंज खेलते व आप बैडमिंटन खेलतीं। मम्मा आपने हमें सादगी व पैसे की कद्र करने का पाठ पढ़ाया। मैंने कभी आपको कोई ऐसी वस्तु खरीदते नहीं देखा, जो बेकार हो। आप अपने लिए कभी खरीदारी नहीं करतीं। हम लड़कियां आपके लिए सामान लेतीं और मैं जानती हूं कि आपको हमारा लाया सामान कितना भाता है। जब हम जरूरत अनुसार आपके लिए कोई सही चीज़ ले जाते हैं तो आप हम पर कितना गर्व महसूस करती हैं।

मम्मा, मुझे याद है कि आपको हमें पुरस्कार लेते या मंच पर सार्वजनिक रूप से भाषण देते देख, कितनी प्रसन्नता होती थी। आप हमेशा कोशिश करतीं कि ऐसे मौकों पर मेरे साथ हों। मैं भी आपके बिना बहुत कम ही कहीं जाती थी। मुझे भी आपकी उपस्थिति विशेष रूप से प्रिय हैं। लोगों को मेरी खूबसूरत मां से मिलना अच्छा लगता। आप कितनी सुंदर थीं, कितनी मुलायम, कितनी प्यारी! सबका ध्यान रखने वालीं। मम्मा आपको पहले से ही पता होता था कि मुझे क्या चाहिए। आप मेरी प्रत्येक सुख-सुविधा का ध्यान रखतीं। मुझसे मिलने आने वालों से भेंट करतीं व

ध्यान देती कि मुझे जरूरत होने पर पर्याप्त विश्राम मिल सके। उस दौरान आप मेरे फोन कॉल लेतीं व संदेश नोट करतीं। आप ऑफिस से आने वाले महत्त्वपूर्ण संदेश भी लेतीं व मेरे उठते ही उन्हें बतातीं। मम्मा, आपके बिना मेरी नौकरी इतनी उल्लेखनीय नहीं हो पाती।

यह सब संभव हुआ क्योंकि घर में सब संभालने के लिए आप थीं। मैं आपके पास घर लौटती, कभी चेहरे पर थकान न दिखती। आप अपनी दौहित्री को अपनी बेटी की तरह पालतीं। उसे स्कूल भेजतीं, टेनिस खेलने भेजतीं और जब कभी वह बीमार होती तो डॉक्टर के पास भी स्वयं ही ले जातीं, मेरे काम में बाधा न देतीं। आपके कारण ही मैं पुलिस-सेवा को 24 घंटों का योगदान दे सकी। मम्मा, मेरी यह नौकरी आपका सपना थी। आप इसे अपनी ही उपलब्धि मानतीं। मॉम, इस संसार में आपके बिना इतना स्नेह न होता।

यह आपके कारण ही एक स्वर्ग बन सका।

मम्मा मेरी एक ही इच्छा है कि अपनी आखिरी सांसें लेने के बाद मैं आपसे आ मिलूं। मुझे पता है कि आप स्वर्ग से सदा अपना आशीर्वाद देती रहती हैं। यदि हमारा फिर से जन्म हो तो हमारा पहले जैसा ही परिवार हो। वही मॉम-डैड और वही बहनें!

मैं आपके बिना अपने बढ़ने व फलने-फूलने की कल्पना तक नहीं कर सकती। मैं आपके बिना कुछ भी नहीं। मैं आपको हमेशा याद करती हूं किंतु आपके लिए काम करती हूं, आपके लिए जीती हूं। मैं चाहती हूं कि पूरा संसार मेरे माता-पिता को जाने। काश! हर बालक को आपके जैसी मां मिले। मैं वाकई भाग्यशाली थी। ईश्वर को आपके लिए धन्यवाद देती हूं। आपको अपनी मां के रूप में पाया, यह सचमुच मेरे पिछले जन्म के कर्मों का ही सुफल रहा होगा। तथ्य यही है कि मैं यहां और अधिक कार्य करने के लिए उपस्थित हूं, ताकि आपको पाने की और हकदार बन सकूं।

आपकी बेटी

किरण

डॉ. किरण बेदी ने कहा : ''माता-पिता न केवल प्रत्यक्ष प्रभाव से बच्चों के लिए रोल मॉडल की भूमिका निभाते हैं, बल्कि परिवार व बाह्य जगत में उनके व्यवहार व प्रवृत्ति से उत्पन्न व स्थापित उदाहरणों का भी प्रभाव पड़ता है।''

कर्मठ, जुझारू और सशक्त महिला : किरण बेदी

3. किरण की शिक्षा

1954 में, किरण ने अमृतसर के सैकर्ड हार्ट कान्वेंट स्कूल से औपचारिक शिक्षा आरंभ की। स्कूल घर से करीब दस मील (16 कि.मी.) दूर था। नागरिक शास्त्र, सामाजिक विज्ञान और इतिहास उनके प्रिय विषय थे व गणित से अरुचि थी। किरण ने सैकर्ड हार्ट में ही नैतिक विज्ञान की शिक्षा पाई, जो एक अच्छा मनुष्य बनने का सबक देती है। आज तक वे इसे अपने द्वारा पढ़ा गया सबसे महत्त्वपूर्ण विषय मानती हैं।

किरण व उनकी बहनें सुबह जल्दी उठतीं व नाश्ता करते ही, बस स्टैंड तक पैदल जातीं, जो घर से 5 कि.मी. दूर था। उस समय चौदह वर्ष से कम आयु के बच्चों का बस किराया 7 पैसे था। कई बार पैसे बचाने के लिए बहनें अपनी सहेलियों के साथ चली जातीं, जो तांगों में स्कूल जाती थीं। पैसे बचाने का अर्थ था, माता-पिता के लिए पैसा कमाना। जो भी पैसे बचते, मां को लौटा दिया जाते। इस प्रकार जीवन में, छोटी आयु से ही किरण ने ठान लिया था कि माता-पिता द्वारा उन पर व्यय किए जाने वाले एक-एक पैसे का सदुपयोग होगा व पूरी ज़िम्मेवारी से उसका हिसाब रखा जाएगा। किरण ने स्कूल की प्रत्येक गतिविधि में हठपूर्वक भाग लेना आरंभ कर दिया। वह नाटकों तथा वाद-विवाद में भाग लेने के अतिरिक्त टेनिस खेलतीं, पुस्तकालय का उपयोग करतीं व व्यायाम से जुड़े कार्यक्रमों में भाग भाग लेतीं। किरण ने मानो निर्णय ले लिया था कि माता-पिता द्वारा खरीदा गया एक भी क्षण व्यर्थ नहीं जाएगा।

किरण ने नवीं कक्षा में, जीवन का पहला स्वतंत्र निर्णय लिया। उन्होंने एक निजी संस्था कैंब्रिज कॉलेज में दाखिला ले लिया, जहां उन्हें विज्ञान व हिंदी विषयों के साथ दसवीं की बोर्ड परीक्षाओं की तैयारियों का अवसर मिला। सैकर्ड हार्ट में यह संभव न था। वहां उन्हें 'गृह-व्यवस्था' का विषय पढ़ना पड़ता, जिसमें घरेलू खर्च का बजट बनाना, घर चलाना, व्यवस्थित

रखना व एक प्रभावी गृहिणी बनने के गुण सिखाए जाते। मर्दानी लड़की किरण को भयभीत करने के लिए यह काफी था और उन्होंने स्कूल छोड़ने का फैसला ले लिया।

यह एक 'निर्भीक कदम' था, जो उनके लिए 'डबल प्रमोशन' लाया। जब साथ के बच्चे नवीं कक्षा की परीक्षा दे रहे थे तो किरण ने मैट्रिक की परीक्षा दीं। इस प्रकार उनके जीवन का यह पहला महत्त्वपूर्ण निर्णय सार्थक रहा।

फिर किरण ने महिला गवर्नमेंट कॉलेज, अमृतसर में दाखिला लिया। 1968 में, उन्होंने अंग्रेजी में स्नातक की उपाधि ली। वे राजनीति विज्ञान, राज्य प्रशासन, खेलों तथा वाद-विवाद प्रतियोगिताओं में विशेष रुचि रखती थीं। वे अनेक गतिविधियों से जुड़ी थीं, जैसे–हर्डल, लंबी कूद व मैराथन दौड़–इन सबने उन्हें टेनिस खेल के लिए फिट बनाए रखने में मदद की।

अमृतसर में किरण के लिए एन.सी.सी. भी एक केंद्रबिंदु रहा। उसने ही किरण को 'ख़ाकी' का पहला अनुभव दिया। उन्हें अपनी वर्दी से लगाव था। पहले ही दिन से वे मार्च करना व बंदूक चलाना सीखने लगीं। शीघ्र ही वह प्लाटून (पलटन) कमांडर व एक प्रभावी अधिकारी बनीं। वे एन.सी.सी. की सबसे अल्पायु की प्लाटून कमांडर थीं। 1968 में, उन्होंने एन.सी.सी. कैडेट अधिकारी पुरस्कार पाया।

कॉलेज से स्नातक होने के बाद, चंडीगढ़ विश्वविद्यालय से राजनीतिशास्त्र में स्नातकोत्तर उपाधि (1970) ली व सर्वाधिक अंक पाए।

डॉ. किरण बेदी ने कहा : शिक्षा तब तक बेमानी है, जब तक वह निर्भीकता व जुनून के साथ, गलत को सही करने का भाव उत्पन्न नहीं करती।

---

4. टेनिस चैंप

किरण अपनी शिक्षा के साथ-साथ टेनिस प्रतियोगिता को भी पूरी गंभीरता से ले रही थीं। उन्होंने नौ वर्ष की आयु से टेनिस खेलना आरंभ किया, शीघ्र ही वे खेल के लिए देश के विभिन्न हिस्सों की यात्रा करने लगीं जबकि वे अपने कोचिंग सेंटर से टीम में एकमात्र लड़की होतीं। बाद में पिता उनके साथ जाने लगे।

1965 से 1978 के बीच किरण ने पूरे भारत में क्षेत्रीय व राजकीय लॉन टेनिस चैंपियनशिप जीतीं।

उन्होंने व उनकी बहन रीटा ने लगातार तीन साल तक इंटरवर्सिटी टूर्नामेंट जीते।

1966 में उन्होंने जूनियर नेशनल लॉन टेनिस चैंपियनशिप जीतीं। वे 1972 में एशिया की अंतर्राष्ट्रीय महिला लॉन टेनिस चैंपियन बनीं।

उन्होंने 1974 में ऑल-इंडिया नेशनल हार्ड-कोर्ट वूमंस टेनिस चैंपियनशिप भी जीतीं। 1975 में दिल्ली के लिए ऑल-इंडिया इंटरस्टेट वूमंस लॉन टेनिस उपाधि पाई व 1976 में नेशनल वूमंस लॉन टेनिस चैंपियन बनीं।

उन्होंने दो बार श्रीलंका के विरुद्ध भारत का प्रतिनिधित्व करते हुए, देश के लिए उपाधि अर्जित की। फिर उन्होंने अपनी बहन अनु के साथ 1976 में, दिल्ली में महिला फैस्टीवल स्पोर्ट उपाधि पाई, इस तरह उन्होंने तीन स्वर्ण व दो रजत पदक प्राप्त किए।

जीवन में खेल अनुभव से किरण ने कई सबक लिए व पढ़ाई में भी पूरी रुचि लेती रहीं।

वे सात वर्ष की अवस्था से ही पिता से प्रेरणा प्राप्त कर टेनिस खेलती आई थीं। सोलह वर्ष की आयु में वे राष्ट्रीय जूनियर चैंपियन बनीं। वह पतली सांवली लड़की बालों को कसकर चोटी या पोनीटेली बनाती ताकि आंखों में बाल न आएं। किरण बालों को प्रतिदिन धोने व बांधने से झुंझला

जाती थीं इसलिए वे एक दिन नाई की दुकान पर गईं और बालों को उस तरह कटवा लिया, जैसे उन्होंने आज तक रखे हुए हैं। किरण को बताया गया कि इसे ब्वाय-कट कहते हैं।

खेल के सिलसिले में उन्होंने रेल के तीसरे दर्जे के डिब्बे में अनेक यात्राएं कीं। कई बार डिब्बे के शौचालय के सामने अपने सामान पर बैठ कर भी यात्रा करनी पड़ी। भारतीय टेनिस के खेल में बताने योग्य पैसे भी नहीं मिलते थे व लिंग भेद का बोलबाला था। उन्हें मामूली यात्रा-भत्ते के लिए भी संघर्ष करना पड़ता, सारी बचत तत्काल मां को दे दी जाती। मां जबरन किरण की जेब में पैसे रखतीं, किंतु वे खर्च किए बिना ही लौट आते, कपड़े धोते या प्रेस करते समय, जेब से वे पैसे मिलते।

हालांकि 1968 के बाद जब किरण को राष्ट्रीय स्तर का ख़िताब मिला तो वे पहले दर्जे की रेलयात्रा या वायुमार्ग से यात्रा करने लगीं। उन दिनों किरण ने अकेले व सामूहिक रूप से खूब यात्राएं कीं व शयनशालाओं में रहीं, बाद में उन्हें अच्छे होटलों में अलग कमरों में रहने की सुविधा प्राप्त हुई। वे विजय और आनंद अमृतराज, गौरव मिश्रा, रामनाथ कृष्णन, जयदीप मुखर्जी तथा प्रेमजी लाल की समकालीन थीं। उन्होंने उन्हीं कोर्टों मे खेला, जहां नस्तासे और आयन तिरिआक व फ्रैड स्टॉल लगातार भारत में आकर खेलते थे।

किरण ने तेरह से तीस वर्ष की आयु तक टेनिस प्रतियोगिताओं में भाग लिया, तब तक वे नौकरी करने लगी थीं। किरण का मानना है कि जीवन के प्रति उनके नज़रिए व नीतियों का विकास टेनिस के माध्यम से ही हुआ। इस खेल से मिले अनुभव किसी पुस्तकीय ज्ञान से नहीं मिल सकते थे। शिक्षा व खेल; दोनों एक साथ तभी चल सकते हैं, जब हम पूरी एकाग्रता से दोनों क्षेत्रों में सफलता पाने के लिए कटिबद्ध हों।

टेनिस ने किरण को परिश्रम की कीमत के साथ-साथ मानसिक व शारीरिक मजबूती की अहमियत भी सिखाई। वे स्वयं को शारीरिक रूप से चुस्त करने के लिए प्रतिदिन कई मील दौड़ लगातीं। समय को बड़ी समझदारी से शिक्षा व गंभीर परिश्रम वाले खेल के बीच बांटकर रखतीं। स्वयं प्रशिक्षण के कारण ही वे आत्मविश्वास की धनी बनीं। किरण का मानना है कि टेनिसकोर्ट में बिताए गए इन वर्षों के परिणामस्वरूप ही वे निष्पक्ष खेल, टीम-वर्क, एकाग्रता, सहनशक्ति, सहजता, दृढ़ता, दबाव व

थकावट की दशा में भी कुछ-न-कुछ कर दिखाने जैसे गुणों को अपना सकीं। बेशक उनका अधिकांश समय टेनिस में बीतता, पर मन-ही-मन वे योग्य होते ही स्वयं को किसी सरकारी ओहदे पर देखना चाहती थीं। उनके लिए टेनिस खेलने का अर्थ था मानो वे जीवन के लिए स्वयं को तैयार कर रही हों। खेल अनुभवों ने उन्हें सशक्त व निर्भीक बनाया। उन्होंने व्यक्तिगत अनुशासन के साथ-साथ हार व जीत के दोनों पहलुओं को जाना। उन्होंने ईमानदार बनना सीखा। खेल के समय भीड़ की ओर से पड़ते दबाव को सहना व संवेदनशील परिस्थिति में भी धैर्य बनाए रखना, टेनिस की ही देन थी।

किरण को उन दिनों प्राय: लिंगभेद तथा वर्गभेद का सामना करना पड़ता था। पुरुषों को महिलाओं से अधिक मान मिलता। महानगरीय खिलाड़ियों में महिलाओं को बराबरी का दर्जा मिलता जबकि अमृतसर जैसे शहर को शहरी ग्राम माना जाता। महिलाओं के विरुद्ध पक्षपात की एक घटना बताती है कि यह सब किस हद तक फैला था। किरण पंजाब टेनिस एसोसिएशन के सचिव शमशेर सिंह को अंकल कहती थीं। वही अंकल किरण को रेलवे रियायतपत्र देने के लिए घंटों बाहर प्रतीक्षा करवाते। किरण अपने भाग्य को सराहती हैं कि उन्होंने कम-से-कम बाहर बैठने के लिए लकड़ी का बैंच तो रखा था। इस अंतहीन प्रतीक्षा के कारण ही किरण ने स्वयं से प्रतिज्ञा की कि यदि जीवन में अगर वे किसी को कुछ देने की स्थिति में हुईं तो उसे कभी प्रतीक्षा नहीं करवाएंगीं।

टेनिसकोर्ट या यात्राओं में लगने वाले समय के कारण किरण की शिक्षा में कभी कोई बाधा नहीं आई। वे प्राय: विषयानुसार किताबें साथ रखतीं। यदि कोई परीक्षा न दे पातीं तो उसे लौटकर देतीं। ट्रेन या टेनिसकोर्ट में ही पढ़ाई भी जारी रहती। जब शाम को टीम के सभी खिलाड़ी नाच-गाने में मग्न होते, दावतें मनाते तो किरण रात को कमरे में शीघ्र लौटतीं ताकि पढ़ने के बाद जल्दी सो सकें व अगली सुबह टेनिस अभ्यास के लिए उठ सकें। इसमें कोई आश्चर्य नहीं कि वे हमेशा अनेक ट्राफियों के साथ लौटतीं जो आज भी उनके घर की शोभा बनी हुई हैं।

किरण के पिता द्वारा लिखे गए कुछ वाक्य व नोट :

लड़ो लड़ो लड़ो (संघर्ष)

दृढ़ निश्चय–तत्काल बुद्धि–सकारात्मक रवैया

वह थोड़ा-सा अतिरिक्त

एकाग्रता–प्रत्याशा–अर्ली रनिंग–अर्ली स्विंग–अर्ली पोजीशन

लाखों बैटरियों जितनी ऊर्जा

फिर भी शीतल-शीतल व विचारवान

पूरा समय लो–अच्छी तरह से फॉलो करो

बैंड–बैंड–बैंड (झुकना)

अंगों की शिथिलता

अच्छी लैंथ के लिए ऊंचा स्ट्रोक

प्रतिद्वंद्वी को हमेशा बेसलाइन से बाहर रखो।

लाइन के नीचे बहुत आराम से पास दो या अच्छी तरह लॉब करो।

सर्व–थ्रो–स्विंग वैल–बॉडी का भार–ओवर द सर्विस लाइन।

किरण के पिता द्वारा लिखे गए नोट का पिछला हिस्सा हमेशा उचित स्विंग लो-फॉलो थ्रू

रैली–रैली–रैली हाई

जाल से बचो–झटके से बचो

गैर नियर एंड अंडर द

बॉल–बैंड–बैंड–बैंड

कीप इन मांइड द कूल

एंड स्ट्रोकिंग पिक्चर ऑफ

क्रिश इन माइंड–

प्ले ऑल कोर्ट गेम

याद रखो कि तुमने स्वयं बड़े-बड़े फाइनल्स खेले व जीते हैं जोकि तकरीबन विश्वस्नीय थे। शुभकामनाएं!

मेरा आशीर्वाद तुम्हारे साथ है।

डॉ. किरण बेदी ने कहा : मेरे जीवन का लक्ष्य यही है कि कुछ भी असंभव नहीं होता, कोई भी लक्ष्य ऐसा नहीं होता, जिसे पाया न जा सके–बस कठोर से कठोर प्रयास चाहिए। टेनिस ने मुझे कड़े परिश्रम व धैर्य का मूल्य सिखाते हुए, यह सबक भी दिया कि मानसिक व शारीरिक रूप से सशक्त होना, कितना मायने रखता है।

5. विवाह

अल्पायु से ही किरण ने निश्चय कर लिया था कि वे स्वयं विवाह के लिए अपना जीवनसाथी चुनेंगी व अपने विवाह में होने वाले व्यय को वहन करेंगी। उनका पहला गंभीर संबंध कुछ सार्थक नहीं रहा। वे अपने कैरियर को प्राथमिकता देती थीं जबकि उस व्यक्ति के लिए यह एक गौण तथ्य था। दूसरे उनके माता-पिता दहेजयुक्त पारंपरिक विवाह चाहते थे। किरण भी स्वयं को घरेलू चारदीवारी में बांधने के पक्ष में नहीं थीं, अत: उन्होंने वह संबंध समाप्त कर दिया।

अमृतसर टेनिस कोर्ट में किरण की भेंट बृज बेदी से हुई, वे दोनों एक दूसरे को चाहने लगे। वे उनसे नौ वर्ष बड़े थे व कपड़ा बनाने की मशीनें निर्मित करते थे, साथ ही परिवार को कृषि से पुश्तैनी आय भी थी। उन्होंने किरण को उनके खेल के स्तर, वचनबद्धता व निजी अनुशासन के लिए सराहा। किरण व उनके पिता, शहर के सर्विस क्लब के सदस्य थे। बृज व किरण फैलो टेनिस खिलाड़ी थे। किरण राष्ट्रीय स्तर पर खेलती थीं जबकि बृज यूनीवर्सिटी लेवल पर थे।

9 मार्च 1972 को वे विवाह बंधन में बंध गए। वे दोनों ही विवाह में होने वाले महंगे अनुष्ठानों के विरुद्ध थे इसलिए वे बृज के घर के समीप बने शिवमंदिर में गए, माथा टेका वहां बने शिवलिंग की सात बार परिक्रमा की, अमृतसर ने इससे पहले ऐसा सादा विवाह समारोह नहीं देखा था। उन्होंने परस्पर जयमाला पहनाई व एक-दूसरे को पति-पत्नी स्वीकार किया। फिर उन्होंने पैसे मिलाकर विवाह की दावत दी, यह बात उस समय के अनुसार अनूठी थी।

कैरियर के लिए अधिक समय देने की नौबत आ गई तो दोनों ने तय किया कि वे अलग-अलग जीवन बिताएंगे, भले ही वे दिल से एक थे। दोनों ने एक-दूसरे को अपने-अपने तरीके से जीवन जीने की स्वतंत्रता दे दी। वे दोनों ही कविताएं लिखने के शौकीन थे, यहां तक कि आज भी किरण कविता के माध्यम से भावनाएं प्रकट करना पसंद करती हैं। वे एक-दूसरे के प्यार में गहराई तक डूबे थे।

किरण का विवाह मार्च 1972 में हुआ व उसी वर्ष जुलाई में उन्होंने मसूरी में, नेशनल एकेडमी ऑफ एडमिनिस्ट्रेशन में; भारत की पहली महिला के रूप में रिपोर्ट किया, जो भारतीय पुलिस सेवा में शामिल होने जा रही थी। तीन माह के फाउंडेशन कोर्स के बाद वे माउंटआबू (राजस्थान) गईं, जहां उन्हें नौ माह की बेसिक पुलिस ट्रेनिंग दी गई। वे 80 युवकों के दल में एकमात्र युवती थीं।

किरण अपने जन्मस्थान से दूर काम करती रहीं, उन्हें कैडर के लिए केंद्रशासित प्रदेश दिया गया। परिस्थितियां यह थीं कि उन्हें अपने राज्य की सेवा का अवसर नहीं मिलेगा। उस समय उनके तीन घर थे–अपना घर, पति का घर व माता-पिता का घर। माता-पिता का सहयोग एक वरदान सिद्ध हुआ। उनकी जीवनशैली उस समय के हिसाब से अनूठी व अपारंपरिक थी। उनके लिए मायका व ससुराल, दोनों के ही द्वार खुले रहते। इस जीवनशैली ने एक कामकाजी भारतीय महिला के जीवन को नए आधार दिए। उन्होंने अपनी नई सोच के बल पर जीने व काम करने के नए तरीके प्रस्तुत किए।

सितंबर 1975 में उनकी बेटी सायना का जन्म हुआ। किरण का कैरियर तीन साल का हो चुका था। बच्ची के जन्म के कुछ समय बाद ही किरण ने स्वयं को एक टेनिस प्रतियोगिता के लिए तैयार कर लिया व सक्रिय क्षेत्र में लौट आईं।

किरण ने माता-पिता से कहा कि वे उनके पास दिल्ली आकर रहें क्योंकि नन्हीं बच्ची को देखरेख की आवश्यकता थी। किरण कहती हैं–"मैं अपनी शर्तों पर, अपना जीवन जीना तय कर चुकी थी। मुझे इसी विज़न के साथ पाला गया कि मुझे घरेलू या किसी पर निर्भर नहीं बनना, अपनी मर्जी से पंख फैलाकर ऊंची उड़ान भरनी है किंतु इसके साथ ही मैं अपनी

प्रसन्नता व प्रसिद्धि उनके साथ बांटना चाहती थी, जिन्हें मैं प्यार करती थी, सम्मान देती थी व जिनकी परवाह करती थी।"

किरण का संसार विस्तृत होता गया व उनके परिवार से कहीं परे फैलता गया क्योंकि वे जीवन में निरंतर नई चुनौतियों का सामना कर रही थीं।

डॉ. किरण बेदी ने कहा : लड़कियों को भी बढ़ोतरी के समान अवसर मिलने चाहिए तभी समाज का सर्वांगीण विकास संभव होगा। विवाह की चुनौतियां कसमों से ही समाप्त नहीं होतीं, वहीं से आरंभ होती हैं। मैं प्रेम की बजाय भाग्य में विश्वास रखती हूं। मुझे यकीन था कि पति मेरी भावनाओं की कद्र करेंगे व मेरी आखिरी सांस तक मुझे मेरे सपनों को साकार करने देंगे।

6. सुपर-कॉप

अपने माता-पिता व पति से मिले सहयोग के बल पर किरण, देश के लिए कुछ कर दिखाने की वचनबद्धता को पूरा कर सकती थीं। वे पुलिस के कार्यों के प्रति आकर्षित हुई क्योंकि उन्हें लगा कि इस क्षेत्र में वे न केवल कुछ करने की ताकत पा सकती थीं, बल्कि गलत काम को रोकने में भी सक्षम हो सकती थीं।

सरकारी सेवा के लिए आवेदन के दौरान उन्होंने इसे अपनी प्राथमिकता के तौर पर चुना। जुलाई 1972, किरण आई.पी.एस में प्रवेश करने वाली पहली महिला बनीं।

कुछ असाधारण कर दिखाने की तीव्र इच्छा ही उन्हें इस क्षेत्र में खींच लाई थी। वे कभी भी कोई साधारण नौकरी नहीं करना चाहती थीं, उनके भीतर चुनौतीपूर्ण कार्य करने की ललक थी। उस दौरान भारतीय प्रशासनिक सेवा व भारतीय विदेश सेवा में लड़कियों की भरमार थी, पर भारतीय पुलिस सेवा में लड़कियां नहीं थीं।

जब उनसे पूछा गया कि क्या वे भारतीय पुलिस सेवा में भी लड़कियों को अधिक संख्या में देखना चाहेंगी तो उन्होंने कहा कि वे निश्चित रूप से इस क्षेत्र में उन महिलाओं का स्वागत करेंगी जो शारीरिक रूप से फिट हैं व स्वतंत्र विचारों वाली हैं।

माता-पिता ने सदा उन्हें एक स्वतंत्र विचारक होने की प्रेरणा दी व आई.पी.एस. में जाने का निर्णय उनका सपना था। उन्हें विश्वास था कि भारतीय पुलिस सेवा में उन्हें चुनौतियां स्वीकार करने, भरपूर संतुष्टि के साथ उनका सामना करने व अपनी क्षमता दर्शाने के पूरे अवसर मिलेंगे।

जहां तक उनका संबंध है, वे जनसेवा से प्यार करती हैं व उन्हें विश्वास था कि आई.पी.एस. ही आदर्श जनसेवा का माध्यम है।

भारतीय पुलिस सेवा कैरियर के दौरान, 26 जनवरी 1975 को राजपथ

पर निकली गणतंत्र दिवस की परेड, किरण के जीवन में बहुत महत्त्व रखती है। यह उन प्रभावी परेडों मे से थी, जिसकी साक्षी पूरे संसार में कोई भी, कहीं से भी दे सकता है। वह दिन कुछ अलग ही था, उस दिन पहली बार दिल्ली पुलिस के दस्ते का नेतृत्व एक महिला कर रही थी। वह महिला कोई और नहीं, स्वयं किरण बेदी ही थीं। तत्कालीन प्रधानमंत्री स्वर्गीया इंदिरा गांधी इतनी प्रभावित हुई कि अगले ही दिन, किरण को अपने साथ नाश्ते का निमंत्रण भेजा।

किरण की सफलता ने, अन्य महिलाओं को भी इस क्षेत्र में आने के लिए प्रोत्साहित किया। उनकी इस स्वीकृति के बाद, हर स्नातक कक्षा में, न्यूनतम एक व अधिकतम चार महिलाएं होने लगीं (हालांकि 1994 तक, भारतीय राष्ट्रीय पुलिस सेवा में केवल चालीस अन्य महिलाएं थीं)।

पुलिस प्रशिक्षण में जाने वाली पहली महिला होने के नाते किरण को उनके सहकर्मियों ने आसानी से स्वीकारा, क्योंकि चौदह साल की उम्र से ही उनका नाम नियमित रूप से समाचार-पत्रों के खेल-पन्नों में दिखता आया था, वे उन्हें एक खेल-हस्ती मानते थे, वे उन्हें राष्ट्रीय टेनिस चैंपियन के रूप में जानते थे जो अपनी क्षमता व दृढ़ता के लिए प्रसिद्ध थीं। राजस्थान के माउंटआबू में, राष्ट्रीय पुलिस अकादमी का शारीरिक प्रशिक्षण बहुत ही कड़ा था। 1974 का पंजाब पुलिस प्रशिक्षण और भी कठिन रहा। किरण को शीघ्र ही अखिल भारतीय सेवा के अंतर्गत केंद्रशासित प्रदेशों में नियुक्त कर दिया गया। दिल्ली पुलिस, देश के बेहतरीन दलों में से है। किरण दिल्ली में अपनी विविध प्रारंभिक नियुक्तियों को स्प्रेंटिसशिप के रूप में लेती हैं यानी कार्य के दौरान प्रशिक्षण पाना। इस अवधि में उन्होंने न केवल जिला व राज्य पुलिस की कार्यविधियां सीखीं, बल्कि उनकी शक्ति व आत्मविश्वास में भी वृद्धि हुई। 1975 में, किरण की नियुक्ति चाणक्यपुरी सब-डिवीजन में हुई, वहीं अपराध नियंत्रण, अपराध की रोकथाम व सामान्य न्याय व कानून-व्यवस्था संबंधी कार्य, किरण के लिए प्राथमिकता के रूप में सामने आए। इस क्षेत्र में संसद, विविध विदेशी दूतावास, राष्ट्रपति आवास, प्रधानमंत्री आवास, जवाहर लाल नेहरू आवास व महात्मा गांधी स्मारक शामिल थे। वहां चोरी प्रमुख अपराध था।

राजनीतिक प्रदर्शनों से भी समस्या खड़ी होती व किरण को लगभग प्रतिदिन उनसे निबटना पड़ता। वैसे ऐसे संकटग्रस्त समय में वे नियमित

पुलिस अधिकारियों के अतिरिक्त देश के सशस्त्र सुरक्षा बलों के विशेष दस्ते भी बुलवातीं। वे कहती हैं कि इन सबने उनके नेतृत्व को निखारने में सहायता की। वे राजनीतिक धरनों व प्रदर्शनों के दौरान, अपने प्रजातांत्रिक अधिकारों के लिए आवाज उठा रहे लोगों के प्रति सहनशील रवैया अपनाती व साथ ही यह भी ध्यान रखतीं कि कानून तथा व्यवस्था बनी रहे। बेकाबू भीड़ को तितर-बितर करने या खतरनाक परिस्थितियों में ऐसे साधन ही प्रयोग में लाए जाते, जिनसे ज्यादा शारीरिक हानि न हो। अंतिम विकल्प के रूप में ही पुलिस को बल प्रयोग की अनुमति देतीं। चूंकि वे पीछे से मार्गदर्शन करने की बजाय आगे से नेतृत्व करने में विश्वास रखती हैं इसलिए प्राय: ऐसे संघर्षों में वे स्वयं भी चोटिल हो जातीं।

5 नवंबर 1979 को, राजपथ इंडिया गेट से आने वाली सड़क पर एक विस्मयकारी ड्रामा खेला गया। लंबे कुरते लहराते, पेटियों में खाली म्यानें लटकाए, हाथों में तलवारें थामे सैकड़ों सिक्ख बड़े ही धमकी भरे अंदाज में राष्ट्रपति भवन की ओर बढ़ रहे थे। मंजिल के पास आते-आते रवैये की आक्रमकता बढ़ने लगी। फिर वे भयंकर रूप से चिल्लाते हुए दौड़ने लगे। किरण बेदी उसी समय वहां आईं, वे दिल्ली पुलिस के दल का नेतृत्व कर रही थीं। उन्होंने चिल्लाकर प्रदर्शनकारियों को आगे बढ़ने से रोका, पर उन्होंने पुलिस दल पर हल्ला बोल दिया। किरण हाथ में एक लाठी व सिर पर बड़े आकार का हैलमेट पहने, स्वयं मैदान में कूद पड़ीं। घूंसों की बौछार के बावजूद किरण ने अभूतपूर्व साहस का प्रदर्शन करते हुए, प्रदर्शनकारियों का तब तक डटकर मुकाबला किया, जब तक वे उनके संकल्प व साहस से भयभीत नहीं हो गए, जल्दी ही दल लौट आया व स्थिति पर काबू पा लिया गया।

कर्त्तव्य की अपेक्षा से कहीं आगे जाकर किए गए इस कार्य व पराक्रम के लिए किरण बेदी को 10 अक्टूबर, 1980 को 'पुलिस पदक' प्रदान किया गया।

डॉ. किरण बेदी ने कहा : काम करने से मुझे प्रसन्नता मिलती है और प्रत्येक आरंभ आत्म-अन्वेषण का एक पथ होता है। हमें चारित्रिक दृढ़ता व देशभक्ति की भावना के साथ अपने कर्त्तव्य निभाने चाहिए। यदि हममें से प्रत्येक 'सेल्फ-पुलिस' की नीति अपना ले तो यह अपने-आप में राष्ट्रीय क्रांति होगी।

7. एक ऑल राउंड अधिकारी

सन् 1980 में, दिल्ली में शराब तस्करी जोरों पर थी। बड़े-बड़े तस्करों व थोक व्यापारियों के दल, सीमा पार से अवैध शराब ला-लाकर दिल्ली की सड़कों पर खुलेआम बेचते। ब्रितानी राज के दौरान व उसके बाद सांसी जनजाति पारंपरिक रूप से यही काम करती आ रही थी। पश्चिम जिले के डिप्टी कमिश्नर के रूप में किरण बेदी इस जनजाति से मिलीं व गैर-आपराधिक क्षेत्रों में इनका पुनर्वास करवाने में जुट गईं। किरण ने उन्हें बड़े धैर्य के साथ समझाया-बुझाया व समुदाय का विश्वास जीतकर दिल्ली की सड़कों को इस आफ़त से मुक्त कराने में सफल रहीं। पहली बार उन्हें एक सुधारक पुलिस अधिकारी के रूप में कार्य करने का अवसर मिला। प्रसंगवश रैमन मैग्सेसे पुरस्कार के प्रशस्ति पत्र का आरंभ ही पुलिस अधिकारी के रूप में उनके द्वारा किए गए सुधार कार्यों के उल्लेख से होता है (तिहाड़ जेल के सुधार कार्यों से पहले वाले)।

किरण ने जनता व पुलिस के बीच प्रभावी आदान-प्रदान के लिए बीट बॉक्स पद्धति आरंभ की। हर कांस्टेबल को अपने हलके में एक बीट बॉक्स आबंटित किया गया। वह अपनी जिम्मेदारी पर, अपने क्षेत्र में, वहां के निवासियों की समस्या हल करने के लिए उस गुमटी में अपना दफ्तर चला सकता था। इस योजना के तहत अब जनता थाने जाने की बजाय नजदीकी बीट बॉक्स से तत्काल मदद मांग सकती थी। अब बीट स्तर पर ही छोटे-मोटे मामले निपटाए जा सकते थे। इससे न केवल थानों का काम घटा, जनता भी परेशानी से बच गई। ये बीट बॉक्स सामुदायिक सहयोग से बनाए गए थे।

पश्चिमी जिले में रात्रि अपराध कम करने के लिए किरण ने पर्चे वितरित करवाए व सार्वजनिक सभाएं कीं ताकि जनता उनके काम करने के तौर-तरीकों से परिचित हो सके। वे अपने वाहन में लगे माइक्रोफोन से

पूछतीं–"क्या मेरा बीट अधिकारी दिखता है? क्या आप उसका नाम जानते हैं? क्या वह आपसे मिलने आता है?" इस तकनीक से बीट अधिकारी सजग रहते। कभी-कभी वे कांस्टेबलों के साथ चलतीं ताकि वे भी गर्व से कह सकें कि 'डिप्टी कमिश्नर ऑफ पुलिस मेरे साथ चल रही हैं।'

किरण को तो पश्चिमी जिले में इसलिए भेजा गया था क्योंकि वहां जगह खाली थी किंतु जल्दी ही वे इतनी लोकप्रिय हो गईं कि उन्हें वहां से हटाना मुश्किल हो गया। कुछ ही सप्ताह में शराब से जुड़े अपराध घट गए, औरतों से छेड़छाड़ व यौन शोषण-उत्पीड़न के मामलों में कमी आई। उस इलाके की महिलाएं उनके पास आईं, वे उनके लिए स्वयं-सेविकाएं बनना चाहती थीं ताकि अपराधों में कमी आ सके। किरण के वहां जाने के बाद, पतियों द्वारा पत्नियों पर हाथ उठाने की वारदात भी घट गई थीं।

पड़ोसी जिलों की तरफ से अपराध घटाने के लिए, पश्चिमी जिले में रात्रि वैरियर लगाए गए। सर्दी के मौसम में पैट्रोलिंग के दौरान स्टाफ के लिए गर्म चाय की व्यवस्था ने उनका दिल जीत लिया। किरण स्वयं रात को दौरे पर आतीं। ये देखतीं कि सब कुछ व्यवस्थित रूप से हो रहा है या नहीं। बेहतर प्रदर्शन के लिए पुरस्कार दिए जाते। वे अपने निष्पक्ष व ईमानदार स्टाफ का हर हाल में साथ देतीं। अपने पूरे कैरियर के दौरान, निर्बल को न्याय दिलवाना ही संभवतः उनकी सबसे बड़ी ताकत व कमजोरी रही। दयालु पुलिसिंग की इन सभी अवधारणाओं व नई पहलों के बल पर वे एक ऑल-राउंड अधिकारी कहलाईं। उनकी प्रत्येक पहल नई व अनूठी होती थी।

डॉ. किरण बेदी ने कहा : जब काम ही पूजा हो जाता है तो कुदरतन वह विज़न ईमानदारी, उचित मंशा, हुनर को लगातार निखारने व ज्ञान को अघतन करने पर आधारित होता है। ऐसा व्यक्ति समूह भावना में विश्वास रखते हुए निरंतर आगे बढ़ता जाएगा।

8. क्रेन बेदी

नवंबर–दिसंबर, 1982 में, दिल्ली में आयोजित एशियाई खेल, भारत के लिए सम्मान का प्रतीक थे। अक्टूबर 1981 में, किरण की नियुक्ति डी.सी.पी. (यातायात) के रूप में हुई। वैसे यह नियुक्ति उनकी इच्छा के विरुद्ध थी किंतु भाग्य चाहता था कि वे उस समय में, दिल्ली यातायात का प्रबंध संभालें। उन्हें यह उत्तरदायित्व उस समय मिला, जब एशियाई खेल आरंभ होने में अधिक समय नहीं रह गया था, यद्यपि यह अवसर किरण के कैरियर में एक शानदार उपलब्धि के रूप में सामने आया, जहां उन्होंने एक निर्भीक व किसी के आगे न झुकने वाले नेता की विशेषताएं प्रकट कीं। कोई कल्पना तक नहीं कर सकता था कि कुछ ही सप्ताह के अथक व समर्पित प्रयासों के बल पर एक युवा पुलिस अधिकारी, न केवल यातायात व्यवस्था को सुचारू बना देगी, बल्कि लोगों के दिलो-दिमाग जीतते हुए, 'क्रेन बेदी' का खिताब पाएगी।

छ: माह के भीतर ही किरण की सोलह क्रेनें सड़कों पर थीं, जो सड़कों की यातायात व्यवस्था में बाधा देने वाली गाड़ियों को उठा लेतीं। भले ही वह गाड़ी किसी की भी क्यों न हो। किरण ने पद्धति लागू की कि गाड़ी उठवाने के बाद, वहीं जुर्माना लिया जाएगा। यहां तक कि पैसे व दबदबे वाले लोग भी उनके इस आदेश से बच न सके। यह कानून सभी पर समान रूप से लागू था।

दिल्ली पुलिस के लिए किरण बेदी को दिल्ली की सड़कों पर नियमित रूप से कहीं भी, कभी भी देखना एक आम बात हो गई। वे कुछ खास मामलों की अनियमितताएं बताते या यातायात को संभालते देखी जातीं। जब वे दिल्ली की सड़कों पर निकलतीं तो कार में एक माइक्रोफोन व लाउडस्पीकर होता। माइक्रोफोन से आते एक महिला स्वर ने ऐसा प्रभाव डाला जो संभवत: कोई पुरुष स्वर न कर पाता।

देश के नगरीय यातायात प्रबंधन के इतिहास में ऐसा पहली बार हुआ कि लोगों ने मध्यस्थता व हिस्सेदारी जैसी बातों को अनुभव किया। उन्होंने इसे सराहा व इसमें शामिल भी हुए। किरण जहां भी जातीं, उनकी जय-जयकार होती। सड़कों पर की जा रही गश्त ने लंबे समय से बनी बाधाओं व रुकावटों को हटाने के साथ-साथ लोगों की सोच व आदतों को भी बदलने में मदद की। किरण विविध चुनौतियों के प्रति पूरी तरह से ईमानदारी व निर्भीकता से पेश आतीं।

उस दौरान किरण एक दिन में उन्नीस-उन्नीस घंटे लगातार काम करतीं। रात को घर लौटतीं तो थककर चूर होतीं। जब रात को खाने के बाद सोने जातीं तो मां व घरेलू सहायिका गले की मालिश करतीं (सारा दिन लाउडस्पीकर पर बोलने से गला बैठ जाता था)। अगली सुबह उठते ही, किरण तरोताजा होकर, पूरे उत्साह से पुन: जुट जातीं।

इसी दौरान, किरण ने प्रायोजकों के चुनिंदा वर्ग के सामने श्रव्य-दृश्य कार्यक्रम प्रस्तुत किया ताकि यातायात निर्देशों की सामग्री एकत्र करने के लिए धन का संग्रह हो सके। यह प्रस्तुतिकरण अपने-आपमें अनूठा रहा क्योंकि यह इस तरह का पहला प्रयास था। प्रायोजकों ने बड़ी उदारता से, सड़क यातायात से संबंधित सामग्री के लिए 35 लाख रुपयों का अनुदान करने का आश्वासन दिया।

इस प्रकार ऐसी अनेक कार्यशालाएं आयोजित की गईं व अभियान चलाए गए। किरण ने इस धन का उचित उपयोग करते हुए, दिल्ली निवासियों को लाभ पहुंचाया। पहली बार सड़क सुरक्षा संबंधी सामग्री इतनी प्रचुर मात्रा में उपलब्ध कराई गई।

किरण ने अपनी ट्रैफिक इकाई द्वारा बचाए गए बजट पैसे से, कार्यालय के लिए ट्रैफिक पुलिस जीपें खरीदने का निर्णय लिया। ऐसा पहली बार हुआ कि यातायात इकाई के इंस्पेक्टरों को भी चौपहिया वाहन दिए गए। वे न केवल जनता बल्कि अपने पूरे स्टॉफ का भी दिल जीत चुकी थीं। सन् 1912 में आयोजित एशियाई खेलों के लिए, किरण ने यातायात का जो प्रबंधन व क्रियान्वयन किया, उसे एक ही शब्द में प्रकट करना हो तो कह सकते हैं–अद्भुत।

एशियाई खेलों के समापन के बाद उन्हें इस श्रेष्ठ प्रदर्शन के लिए 'एशियन ज्योति' पुरस्कार से सम्मानित किया गया। उन्होंने वह पुरस्कार

कर्मठ, जुझारू और सशक्त महिला : किरण बेदी

अकेले लेने से इंकार कर दिया। उन्होंने अनुशंसा की कि वह पुरस्कार पूरे ट्रैफिक पुलिस ग्रुप को सामूहिक रूप से दिया जाना चाहिए, ताकि वह उन सबके व्यावसायिक रिकॉर्ड का हिस्सा बन सके, जिन्होंने उस श्रेष्ठ प्रदर्शन को संभव बनाया। यह उनके नेतृत्व की उदारता थी, जो प्राय: सरकारी सेवाओं में नहीं पाई जाती। जहां जनता व मीडिया ने एशियाई खेलों के दौरान हुए यातायात प्रबंधन को श्रेष्ठ व अद्भुत माना, वहीं किरण को इस तथ्य से संतोष था कि उन्होंने वह सारा श्रेय अकेले नहीं लिया।

दिल्ली यातायात का सबसे बड़ा अभिशाप था (आज भी है) कि गाड़ियां गलत जगह पार्क की जातीं। यही एक कारण था (आज भी है) कि सड़कों पर यातायात ठप्प हो जाता। किरण ने इसी पर करारी चोट की। अपनी गाड़ी में लगे लाउडस्पीकर से जनता को सार्वजनिक स्तर पर चेतावनी देने के बाद, गलत स्थान पर खड़ी की गई गाड़ियों को क्रेन द्वारा निकटम थाने तक ले जाने के आदेश दे दिए। शीघ्र ही वे किरण बेदी की जगह 'क्रेन बेदी' कहलाने लगीं।

उन्होंने यह भी आदेश जारी किया कि कसूरवार चालक का चालान नहीं किया जाएगा, बल्कि उसे जुर्माना भरना होगा। दिल्ली के प्रभावशाली तबके ने इससे पहले कभी चालानों की परवाह नहीं की थी। वे प्राय: पुलिस अधिकारी के सामने ही चालान को इस रवैये के साथ चिंदी-चिंदी कर देते कि 'जो जी में आए कर ले' किंतु वहीं पर जुर्माना भरने की इस पद्धति में कोई मित्र या प्रभावशाली संपर्क काम नहीं आ सकता था। किरण ने अपने अधिकारियों को स्पष्ट निर्देश दे रखे थे कि वे उनके आदेशों का पालन करें और वे स्वयं उनकी कार्रवाईयों को समर्थन देंगी। उन्होंने कहा कि वे उनका मूल्यांकन चालानों की संख्या से नहीं, बल्कि ट्रैफिक प्रबंधन की गुणवत्ता व नियमों को लागू करने के आधार पर करेंगी।

5 अगस्त 1982, यहां तक कि तत्कालीन प्रधानमंत्री श्रीमती इंदिरागांधी की कार भी क्रेन द्वारा उठवा ली गई। प्रधानमंत्री व उनका परिवार उस समय यू.एस.ए. में था। एक ट्रैफिक इंस्पेक्टर ने कनाट सर्कस की यूसुफ जई मार्केट के बाहर सफेद एंबेस्डर गाड़ी (डी एच आई 1817) गलत जगह खड़ी देखी, चालान काटने के बाद ही उसे पता चला कि वह प्रधानमंत्री की सरकारी गाड़ी है।

किरण नियमों के मामलों में कोई समझौता नहीं चाहती थीं व शीघ्र ही समाज का एक प्रभुत्व संपन्न वर्ग उनसे रुष्ट हो गया। दिल्ली में एशियाई खेल संपन्न होते ही उन्हें तीन वर्ष के लिए गोवा में एसाइनमेंट दे दिया गया।

उस समय उनकी सात वर्षीया पुत्री नेफराइटिस से पीड़ित थी, किरण ने पुत्री की दशा में थोड़ा सुधार होने तक तबादले को थोड़ा स्थगित करना चाहा, किंतु उन्हें कोई सहानुभूति नहीं मिली। जो लोग उनकी सहायता कर सकते थे, वे वही थे, जो किरण कानून की नजर में सब एकसमान वाले नियम की चपेट में आ चुके थे। "मैंने पाया कि वे मुझे मेरा पहला पाठ पढ़ा रहे थे–अगर अपने पक्ष में कुछ चाहिए तो आंखें बंद करके, वरिष्ठों के प्रत्येक आदेश का पालन करो।" किरण कहती हैं।

कोई भी अंत में यह कह सकता था कि श्रीमती बेदी का ट्रैफिक अभियान निश्चित रूप से 1, सफदरजंग रोड (प्रधानमंत्री कार्यालय में) पहुंच गया था।

डॉ. किरणबेदी ने कहा : मेरा यह मानना है कि कानून द्वारा सबके साथ एक-सा व्यवहार होना चाहिए, भले ही वह किसी भी लिंग, जाति, धर्म, सत्ता या सामाजिक-आर्थिक स्थिति का क्यों न हो। क्लासिकल स्वतंत्रता पाने के लिए कानून की समानता एक आधारभूत नियम है।

कर्मठ, जुझारू और सशक्त महिला : किरण बेदी

9. दिल्ली से गोवा

किरण के लिए दिल्ली से गोवा तबादला एक पीड़ादायी अनुभव रहा। किरण ने डी.एस.पी. (ट्रैफिक) के रूप में अपने दिल-दिमाग व आत्मा को भी काम में झोंक रखा था और उन पर शत-प्रतिशत सफलता का जुनून हावी था। उस समय एशियाई खेलों के लिए की जा रही ट्रैफिक व्यवस्था से ही उनके उत्साह का संकेत मिलता है। हालांकि इतने चुनौतीपूर्ण कार्य के बीच भी उन्हें संकेत मिलने लगे कि केवल एशियाई खेलों के समापन तक ही उन्हें दिल्ली में सहन किया जाएगा और ऐसा ही हुआ। खेलों का समापन होते ही उन्हें यातायात व दिल्ली से दूर गोवा खदेड़ दिया गया।

किरण का हमेशा से यही मानना है कि तबादले तो नौकरियों का एक हिस्सा होते हैं व देर-सवेर होते ही हैं, किंतु वे यह नहीं समझ पा रही थीं कि उन्हें इतनी शीघ्रता से तबादला देने की क्या आवश्यकता आन पड़ी थी। व्यक्तिगत मोर्चे पर वे एक गंभीर समस्या से जूझ रही थीं। पहली बार, उन्हें यह दिल दहला देने वाला समाचार मिला कि उनकी सात वर्षीया पुत्री साइना नेफराइटिस सिंड्रोम से ग्रस्त थी। साइना को तीन वर्ष की आयु से यह रोग था। इतनी बड़ी परेशानी के बावजूद किरण दिन में 10-19 घंटे काम कर रही थीं। उनकी मां भी दिन के उन 19 घंटों में अपना पूरा योगदान देतीं, तो इस तरह किरण का दिन 38 घंटों के कार्यकाल में बदल गया था।

किरण ने गृह मंत्रालय से आग्रह किया कि उन्हें दिल्ली से बाहर न भेजा जाए। वे दिल्ली में ही कोई दूसरा पद या नियुक्ति लेना चाह रही थीं। तब तक परिवार के सदस्यों व निकटतम मित्रों के सिवा किरण की व्यक्तिगत समस्या व पीड़ा के विषय में कोई नहीं जानता था। सहकर्मियों को पता चला तो वे द्रवित हो उठे, किंतु गृह मंत्रालय के अधिकारियों ने तो सही तरह से बात सुनने का भी कष्ट नहीं उठाया।

अब किरण के पास कोई विकल्प नहीं था। उन्हें गोवा जाने के लिए स्वयं को शारीरिक व मानसिक रूप से तैयार करना था। चूंकि परिवार उनके साथ था इसलिए किरण ने गोवा जाने का निर्णय ले लिया। यद्यपि वे शारीरिक रूप से ही गोवा गईं; दिल व आत्मा तो रोगी पुत्री के पास थी।

किरण गोवा की मधुर स्मृतियों में डूबते हुए कहती हैं कि गोवा काम के लिहाज से बहुत सुंदर जगह है। यहां के लोग अनुशासित, मिलनसार व खुशमिजाज हैं। वे एक ऐसे स्थान पर थीं, जिसका अपना ही एक सहृदय भाव था। बहुत ही प्यारी जगह, वे अपना पूरा जीवन अगुआदा समुद्र तट पर बिता सकती थीं। फिर उन लंबे झूमते नारियल वृक्षों के बीच गाड़ी चलाना भी तो एक सुखद अनुभव था। ड्राइव के दौरान अनेक पवित्र चर्च व क्रॉस दिखते; वे उन पवित्र चित्रों की याद दिला देते जो अमृतसर के सैकर्ड हार्ट कॉन्वेंट में पढ़ाई के दौरान बेल्जियन नन्स से पुरस्कारस्वरूप मिलते थे।

जिस दिन किरण दिल्ली से गोवा पहुंची तो एयरपोर्ट से गोवा की राजधानी पणजी तक जाने के लिए, उन्हें फैरी से जुआरी नदी पार करनी पड़ी क्योंकि नदी के ऊपर बना पुल अभी तैयार नहीं था (गोवा में हल्के वाहन फैरी से ही आते-जाते हैं)। कुछ माह बाद पुल तैयार होने पर भी आम जनता के लिए नहीं खुला, वे लोग भीड़ भरी फैरी में स्थान पाने के लिए घंटों कतारों में लगे रहते। प्रशासन इस कोशिश में था कि पुल के उद्घाटन के लिए दिल्ली से वी.आई.पी. आ जाएं, किंतु वहां से तारीखों की पुष्टि नहीं हो पा रही थी। एक तरह वह पुल आवागमन के लिए बंद ही रहा।

एक दिन किरण ने उस क्षेत्र के दौरे के दौरान देखा कि नाव के लिए भारी भीड़ प्रतीक्षा में थी। किरण ने तय किया कि वे पुल पर गाड़ी चलाते हुए निकलेंगी व सारी बाधाएं, अवरोधक हटाती जाएंगी। उनके ऑपरेटर व ड्राइवर ने पुल की नाकाबंदी के लिए लगे सारे अवरोधक हटा दिए। किरण अपनी जीप पुल के पार ले गईं। इसके बाद प्रतीक्षारत भीड़ को पुल की ओर मोड़ दिया। किरण ने व्यावहारिक तरीके से पुल का उद्घाटन कर दिया था, इस काम ने गोवावासियों का दिल जीत लिया। वी.आई.पी. यही सोचते रह गए कि जनता के पुल को किसने खोला। लोग जानते थे कि केवल किरण में ही यह कर दिखाने का साहस था।

किरण ने गोवावासियों को एक स्थायी उपहार देकर वास्तविक जीवन की घटना बना दिया था, किंतु इसी प्रक्रिया में वे अनेक सत्तासीन व्यक्तियों

को क्रोधित कर बैठीं। किरण के लिए आम आदमी की सुविधा अधिक मायने रखती थी, फिर चाहे वह किसी भी कीमत पर क्यों न मिले।

नवंबर 1983 में, गोवा में राष्ट्रमंडल देशों के शासन अध्यक्षों का शिखर सम्मेलन (योगम) होने वाला था। यह उस प्रांत के लिए बड़ी घटना थी। अतिथियों को गोवा के सुंदर अगुआदा समुद्र तट पर, ताज समूह के शानदार फोर्ट अगुआदा होटल में ठहराया गया। उनके लिए विशेष कॉटेज बनवाए गए। प्रधानमंत्री इंदिरा गांधी, ब्रिटिश प्रधानमंत्री मार्गरेट थैयर व महारानी एलिजाबेथ आकर्षण का प्रमुख केंद्र थीं। कनाडा के प्रधानमंत्री पियेर त्रुदू, पुरुषों में सबसे लोकप्रिय माने जा रहे थे। हवाई अड्डे से होटल की दूरी चालीस किलोमीटर थी, मेहमानों के पास दोनों विकल्प थे कि वे इसे सड़क मार्ग से तय करें या वायु मार्ग से।

यह सम्मेलन गोवावासियों के लिए बहुत महत्त्व रखता था, पर दुर्भाग्यवश! अति महत्त्वपूर्ण व्यक्तियों के इस समारोह में आम आदमी के लिए कोई भागीदारी नहीं थी। वे लोग सिर के ऊपर से गुजरते वायुयानों या सड़कों पर तेजी से दौड़ती कारों का शोर-भर सुन सकते थे। उन्हें सुरक्षा कारणों से दूर रखना आवश्यक था। रास्तों की व्यवस्था के लिए किरण को बहुत बड़ी संख्या में लोगों की आवश्यकता थी। उन्होंने सोचा कि यदि वे युवाओं को इसका एक हिस्सा बना पाईं तो निश्चित रूप से, वे इस घटना की स्मृति को लंबे समय तक अपने से जोड़े रखना चाहेंगे। उन्होंने तय किया कि रास्तों के यातायात नियंत्रण का काम एन.सी.सी के युवाओं को सौंपा जाएगा। किरण ने कर्नाटक से भी कुछ पुलिसकर्मी बुलवाए, किंतु वे यातायात प्रबंधन में प्रशिक्षित नहीं थे।

गोवा के युवाओं ने उस सम्मेलन में न केवल दर्शकों के नाते बल्कि प्रशिक्षित पुलिस कैडेट के रूप में उत्साहपूर्वक भाग लिया। सभी 1200 युवा सफेद व नीली पोशाकों, लाल डोरियों, सीटियों, सफेद जुराबों व पी.टी. जूतों से लैस, अपने-अपने निर्धारित स्थान पर तैनात रहे। सबने गोल्फ कैप लगा रखे थे। लड़कियों ने अपने बाल गूंथ रखे थे व लड़कों ने उन्हें कायदे से छंटवा लिया था। पिछले छः रविवारों में किरण व उनके समर्पित दल ने उन्हें नियंत्रण व प्रबंधन का प्रशिक्षण दे दिया था।

इन कैडेटों ने यातायात नियंत्रण के साथ-साथ चुस्ती से सलाम बजाना भी सीख लिया था। इन किशोरों ने ही मुख्य मार्गों से निकल रही गलियों

का मोर्चा संभाला वरना वहीं कोई और इन्हें देखने वाला नहीं था। अपनी ड्यूटी के दौरान वे कारों में गुजरते प्रतिष्ठित मेहमानों का हाथ हिलाकर अभिवादन भी करते। चालीस किलोमीटर के पूरे रास्ते के किनारे खड़े छात्रों का यह दृश्य अपने-आपमें अनूठा था। पियरे त्रुदू व श्रीमती गांधी ने तो कई स्थानों पर गाड़ियां रुकवाकर, इनका अभिवादन भी किया। गोवा निवासी इस सद्भावना प्रदर्शन से गद्गद् हो उठे।

सम्मेलन के बाद किरण ने अपने घर दिल्ली फोन किया तो फोन बेटी साइना (गुच्चु) ने ही उठाया। किरण को हैरानी हुई कि गुच्चु स्कूल क्यों नहीं गई, वह दिन के समय घर में क्यों थी। तब मां ने लाइन पर आकर कहा कि किरण को लौट आना चाहिए, गुच्चु को उसकी जरूरत है। उन्होंने यह भी बताया कि गुच्चु की सेहत बिगड़ती जा रही थी। नेफराइटिस इतना बढ़ गया है कि अस्पताल ले जाना आवश्यक था। बेटी की गंभीर बीमारी के आधार पर किरण ने छुट्टी के लिए आवेदन-पत्र दे दिया। आई जी पी राजेंद्र मोइन ने उनके लिए अवकाश देने की सिफारिश भी कर दी थी, किंतु उनका आवेदन-पत्र मंजूर नहीं किया गया। किरण बेटी के पास पहुंचने के लिए तड़प रही थीं। उन्होंने तय किया कि वह छुट्टी की दफ्तरी मंजूरी का इंतजार नहीं करेंगी। उन्हें भरोसा नहीं था कि सरकार को दी गई अपनी सिफारिश के बावजूद आई.जी.पी. उनकी छुट्टी की मंजूरी का आदेश देने का साहस बटोर पाएंगे। किरण ने गोवा में अपनी नियुक्ति पर दांव लगाकर दिल्ली में इंतजार कर रही, अधिक कठोर चुनौती का सामना करने का निर्णय लिया। आखिर उनकी बेटी की जिंदगी का सवाल था।

किरण बीएसएफ के डोर्नियर हवाई जहाज से पांच घंटों में दिल्ली आ पहुंचीं। वे सूर्यास्त के बाद घर पहुंची तो गुच्चु मां को देखकर खुशी से नाच उठी। हालांकि वह अपनी हालत से बेखबर थी। उसका चेहरा, ठोडी व पेट सूजे हुए थे। शरीर में जमा पानी व प्रोटीन की कमी से आंखें फूल कर कुप्पा हो गई थीं। किरण उसे सीधा एम्स अस्पताल ले गई, जहां बच्ची को दाखिल कर लिया गया। मां-बेटी पूरा एक सप्ताह अस्पताल में रहीं। गुच्चु को एक सप्ताह बाद छुट्टी मिली। बच्ची को हरसंभव देखरेख की आवश्यकता थी और उसकी मां बिल्कुल सही वक्त पर उसके साथ थी। किरण के लिए यह सब किसी दुःस्वप्न से कम नहीं था। एक मां होने के नाते वे अपनी बच्ची की बीमारी के बारे में झूठ कैसे बोल सकती थीं?

उन्होंने गोवा आई.जी. व प्रशासन के नाम पत्र लिखा व बताया कि वे किन परिस्थितियों में अवकाश पर गई थीं। उन्होंने बेटी के मेडीकल रिपोर्ट व सर्टिफिकेट भी भेजे ताकि उन्हें भरोसा दिलाया जा सके कि हालात कितने गंभीर थे। वे दुविधा में थीं कि काम पर जाएं या बीमार बच्ची की देखरेख करें।

वे अपने ग्यारह वर्ष के कार्यकाल में पहली बार अवकाश पर थीं। अन्यथा उनकी छुट्टियां बेकार जाती थीं। उनके खाते में काफी छुट्टियां थीं। जब वे अवकाश पर आई तो गोवा प्रशासन की तरफ से कोई आपत्ति नहीं हुई व उन्होंने मान लिया कि उनकी छुट्टी मंजूर कर ली गई हैं। अपनी ओर से किरण अपने काम से गैरहाजिर नहीं थी....वे छुट्टी पर थीं, जिसकी वे हकदार थीं।

जब किरण ने छुट्टी बढ़ाने का आवेदन-पत्र भेजा तो मंजूरी देने की बजाय उन्हें बिना छुट्टी के ड्यूटी से गैरहाजिर व फरार घोषित कर दिया गया। शायद गोवा के मुख्यमंत्री प्रताप सिंह राणा ने यू.एन.आई को इस आशय का बयान दिया था। दिल्ली में यू.एन.आई कार्यालय ने किरण से संपर्क करके मामले की असलियत पता लगानी चाही व उनसे पूछा कि क्या वे वाकई फ़रार हैं? किरण ने उन्हें बताया कि वे किन हालातों में बीमार बच्ची के पास थीं व सारी घटना सुनाई। उन्होंने कहा कि यदि यू.एन.आई चाहे तो स्वयं आकर देख ले। संवाददाता ने अपनी आंखों से सब देखा व गोवा मुख्यमंत्री के बयान का जोरदार खंडन किया। रिकॉर्ड ठीक हुआ व साथ ही गोवा प्रशासन का पर्दाफ़ाश हो गया। अब तो वहां के अधिकारी किरण के लिए और भी द्वेष रखने लगे। प्रशासन ने छुट्टी की मंजूरी देने से मना कर दिया।

पूरे छह माह तक किरण को कोई काम नहीं दिया गया। भले ही उन्होंने कैरियर में आई इस रिक्तता के बारे में जो भी सोचा हो, पर उन्हें अपनी बेटी के साथ रहने व उसे सामान्य स्थिर दशा में लाने के लिए काफी समय मिल गया। इस दौरान किरण ने केंद्रीय गृह सचिव टी.एम. चतुर्वेदी से मुलाकात का समय मांगा। उन्होंने किरण की बात सहानुभूतिपूर्वक सुनी व उनकी नियुक्ति असिस्टेंट जनरल ऑफ पुलिस के रूप में रेलवे सुरक्षा बल के मुख्यालय में करवा दी। फिर उन्होंने अपील की कि उन्हें प्रधानमंत्री कार्यालय में किसी वरिष्ठ पद की नियुक्ति दी जाए।

इसके बाद किरण की नियुक्ति औद्योगिक आकस्मिकता महानिदेशालय (डी.जी.आई.सी.) में बतौर उपनिदेशक के पद पर हुई। यह विभाग औद्योगिक संबंधों पर बारीकी से नजर रखते हुए खुफिया व विश्लेषण की रिपोर्ट भेजता था। किरण का कार्यक्षेत्र पूरे भारत में फैला था व काफी विस्तृत था। दिल्ली में बृजेंद्र सहाय व बॉब मुरारी उनके वरिष्ठ थे, जो भारतीय प्रशासनिक सेवा के वरिष्ठ अधिकारियों में से थे।

किरण को यहां अनेक नए अनुभव प्राप्त हुए। वे प्रयत्न करतीं कि सभी रिपोर्टें सीधे, तत्कालीन प्रधानमंत्री राजीव गांधी तक जाएं। वे प्रत्येक पृष्ठ के बाएं कोने में (एक पृष्ठ की रिपोर्ट) अपने हाथ से लिखतीं (मि. प्राइम मिनिस्टर)। यह भी जानना काफी रोचक रहेगा कि अक्टूबर 1985 में किरण द्वारा इस पद को छोड़ने के बाद, भारत सरकार ने यह विभाग ही बंद कर दिया। कहते हैं कि यह विभाग तो किरण के आने से पहले ही काम नहीं करता था तो अब उनके जाने के बाद क्या करता। इसलिए... उसे बंद ही कर दिया गया।

डॉ. किरण बेदी ने कहा : कुछ 'निश्चित दशाओं में' निर्णय-निर्धारण सदैव विवादित होता है। इससे बचने का उपाय यही माना जाता है कि कोई फैसला न लेते हुए समस्या को ज्यों-का-त्यों रहने दें। जो वरिष्ठ समस्या नहीं सुलझाते, वे स्वयं समस्या का एक अंग बन जाते हैं।

---

10. नवज्योति का जन्म

किरण की नियुक्ति जहां भी हुई, अपराध निवारण ही उनकी प्राथमिकता रही। 1980 में दिल्ली की डिप्टी कमिश्नर (पश्चिम) के रूप में नियुक्ति के दौरान उनकी पहली अपराध निवारण सामुदायिक परियोजना का परिचय मिला। वहां उन्होंने अवैध शराब की तस्करी करने वाली जनजाति को समझा-बुझाकर इस पेशे से अलग किया। 1986 में, दिल्ली में मादक द्रव्यों के शिकार लोगों के लिए केवल एक ही केंद्र (आशियाना) था, जिसकी स्थापना एन.डी.एम.सी. ने की थी। किरण का मानना था कि कुछ ऐसे केंद्र खोले जाएं, जहां मादक द्रव्य के शिकार व्यक्ति को नशीले पदार्थों व परिवार से दूर रखने की व्यवस्था हो और उसे वहां पूरी चिकित्सा मिले। वे किसी ऐसे स्थान की खोज में रहने लगीं व इसके लिए ज्यादा दूर नहीं जाना पड़ा। वह तो उनके सामने ही था–उनका पुलिस स्टेशन! वहीं नवज्योति की अवधारणा ने जन्म लिया। जून 1986, उन्होंने सामुदायिक सहायता मांगी और वह प्रचुर मात्रा में प्राप्त होने लगी। बिस्तर, कंबल, टी.वी. पंखे, डॉक्टर, योग्य शिक्षक व दवाइयां उपलब्ध हो गए। भोजन प्रायः रोगी के घर या पास के होटल से आ जाता। किरण बेदी द्वारा आरंभ किए गए इस कार्य का पंजीकरण; नशीले पदार्थों से मुक्ति, सुधार व पुनर्वास के लिए बनी नवज्योति दिल्ली पुलिस फाउंडेशन के रूप में किया गया। पुलिस कमिश्नर अध्यक्ष बने व किरण संस्थापक जनरल सचिव (आज भी वे इसी पद पर हैं)।

शीघ्र ही नवज्योति केंद्र लोकप्रिय हो गया, सामुदायिक सहायता के बल पर, एक ही साल में इसकी पांच अन्य शाखाएं खोली गईं। किरण के अधीन उन्नीस पुलिस स्टेशन, जिनमें से छः में नशामुक्ति केंद्र चल रहे थे। यद्यपि प्रत्येक केंद्र प्रारंभ में 30 मरीजों के लिए था, किंतु इसकी लोकप्रियता व अनिवार्यता इतनी बढ़ी कि एक-एक बार में 100 मरीजों का

ध्यान रखना पड़ता। किरण के पास इस अग्रणी कार्य पर न केवल समाज बल्कि सरकार ने भी ध्यान दिया। उन्होंने पूरे देश में दौरे करते हुए स्लाइड प्रदर्शन दिए, मादक द्रव्यों पर निर्भरता के परिणाम बताए व बताया कि स्कूलों, विश्वविद्यालयों, माता-पिता, पुलिस व कुल मिलाकर समाज को क्या-क्या सबक लेने चाहिए। जब 1988 में उनका वहां से तबादला होने लगा तो लोगों ने आग्रह किया कि उस कार्य को संस्था का रूप दे दिया जाए। तब 'नवज्योति फाउंडेशन' की स्थापना हुई। तत्कालीन पुलिस कमिश्नर, वेद मारवाह ने इसे अपना आशीर्वाद दिया जोकि किरण के मार्गदर्शक भी रहे हैं।

तब से नवज्योति करीब 20,000 मादक द्रव्यों व मदिरा व्यसनियों को आवासीय उपचार दे चुकी है। भारत में अन्य हजारों व्यक्ति इसके सामुदायिक कार्यक्रमों से लाभान्वित हो रहे हैं।

नवज्योति इंडिया फाउंडेशन मादक द्रव्यों की मांग में कमी, प्रशिक्षण व शोध केंद्र में बदल गई है। इसे विविध स्रोतों से सहायता आने लगी। जापानी दूतावास ने भवन-निर्माण का व्यय उठाया, गुजरात के के.के.शाह कल्याणकारी न्यास ने जमीन का पैसा दिया व यमुना पुश्ता ट्रस्ट (जिसे नीदरलैंड से वित्तीय सहायता आती है) ने एक अतिरिक्त हॉल के लिए योगदान दिया जोकि प्रशिक्षण कार्य के लिए बनाया गया था। यह केंद्र भारत सरकार के पूरे समर्थन के साथ संपूर्ण चिकित्सा प्रदान करता है जो होम्योपैथी, नेचुरोपैथी, योग, ध्यान, रोगी के उपचारात्मक परामर्श व उसके परिवार से हुए परामर्श पर आधारित होती है। चिकित्सा के अलावा केंद्र को एक जर्मन एन.जी.ओ. व अमरीकी सरकार से भी सहायता मिलती है ताकि शोध व प्रशिक्षण का कार्य भी चलाया जा सके। नवज्योति के प्रत्येक कार्यक्रम में सामुदायिक सहयोग का विशेष महत्त्व है। संबंधित परिवारों का एक-एक सदस्य अपनी ओर से पूरी सहायता व सहयोग देता है। नवज्योति भारत का सर्वाधिक संगठित चिकित्सा केंद्र बन गया है व कई राष्ट्रीय व अंतर्राष्ट्रीय पुरस्कार भी पा चुका है जिनमें संयुक्त राष्ट्र द्वारा मिला सर्ज-सोइटीरॉफ पुरस्कार उल्लेखनीय है। धीरे-धीरे किरण ने कार्यक्रमों को विस्तृत करते हुए 200 स्कूल खोले, जहां केवल एक ही अध्यापक होता है, यहां झोपड़पट्टी में रहने वाले बच्चे शिक्षा पाते हैं। इसके अलावा महिला कैदियों, झोपड़पट्टी की महिलाओं, देहाती निर्धनों, किशोरों व अपंगों के लिए व्यावसायिक

50 *कर्मठ, जुझारू और सशक्त महिला : किरण बेदी*

प्रशिक्षण की व्यवस्था स्वास्थ्य की देखरेख व परामर्श केंद्र भी खोले गए। इस संगठन से करीब 350 व्यवसायी जुड़े हैं, जो प्रतिदिन लगभग 10,000 स्त्री-पुरुष व बच्चों को अपनी सेवाएं प्रदान करते हैं, जो समाज में हाशिए पर गिने जाते हैं। इसमें 50 से अधिक परियोजनाएं भी हैं, जिनमें एक दूरदर्शन धारावाहिक 'गलती किसकी' भी है। किरण की परियोजनाओं को भारत सरकार के साथ-साथ अंतर्राष्ट्रीय समुदाय से भी पूरा सहयोग मिलता है। किरण फाउंडेशन की जनरल सैक्रेट्री के रूप में सेवाएं देती हैं।

नवज्योति को इग्नू के साथ पंजीकृत किया गया है और इसे सामुदायिक कॉलेज का स्तर प्राप्त हो गया है। डॉ. किरण बेदी ने 17 जून 2010 को, नवज्योति सामुदायिक कॉलेज के विषय में औपचारिक घोषणा की। इनकी चार शाखाएं हैं, जो दिल्ली के नयागांव, कराला, बवाना व जहांगीरपुरी नामक स्थान पर खोली गई हैं। यह कॉलेज समुदाय द्वारा, समुदाय के लिए व समुदाय का है।

डॉ. किरण बेदी ने कहा : मैंने सदैव अपने भीतर इस भाव को विकसित व पोषित किया कि मैं अल्प सुविधा प्राप्त समुदाय की सेवा करूं। आदान-प्रदान करने व बांटने वाला जीवन, उस जीवन से कहीं बेहतर होता है जो केवल अपने लिए ही संग्रह करना जानता है।

---

11. मिज़ोरम में

किरण की अगली नियुक्ति, नई दिल्ली में नारकोटिक नियंत्रण ब्यूरो में डिप्टी डायरेक्टर के पद पर हुई। 1990 में उन्हें मिजोरम में नियुक्ति मिली; आइजोल उनका मुख्यालय बना जोकि शांत, मनोरम व सुंदर राजधानी थी।

मिज़ोरम उसी केंद्रशासित संगठन में आता था, जिससे किरण बेदी संबद्ध थीं। यह राज्य दिल्ली से लगभग 2500 किलोमीटर दूर है। वहां के बारे में किरण की जानकारी–दूरदर्शन पर प्रसारित मौसम की जानकारी व गणतंत्र दिवस समारोह के दौरान राजपथ पर प्रस्तुत किए जाने वाले बांस–नृत्य तक ही सीमित थी। वे आसान नियुक्तियों से उकता गई थीं। अतः उन्होंने स्वयं कठिन नियुक्ति के लिए आवेदन किया था। उन्होंने संयुक्त सचिव (केंद्रशासित प्रदेश) को लिखा कि यदि उन्हें अंडमान, अरुणाचल या मिज़ोरम भेजा जाए तो वे उनकी आभारी होंगी, किंतु उन्हें वहां से कोई संतोषजनक उत्तर नहीं मिला। फिर उन्होंने गृह सचिव के कार्यालय में आवेदन भेजा। इसके बाद गृहमंत्रालय तक गुहार लगाई। किरण व संयुक्त सचिव के एक सहपाठी व मित्र परमिंदर सिंह ने संयुक्त सचिव को समझाया कि दूसरे अधिकारीगण तो मिजोरम जाना तक नहीं चाहते जबकि किरण ने स्वयं वहां कार्य करने की इच्छा प्रकट की है। इसके बावजूद उनके आग्रह पर ध्यान नहीं दिया जा रहा है।

इसके बाद किरण को आदेश मिला कि 27 अप्रैल 1990 को मिजोरम की सरकार को रिपोर्ट करें। इस दौरान किरण मादक द्रव्यों के सेवन व घरेलू हिंसा के मुद्दे पर कार्य करने का निर्णय ले चुकी थीं। अनेक लोगों की चिकित्सा हो चुकी थीं, जो अभी नवज्योति केंद्रों में चिकित्सा करवा रहे थे, वे अध्ययन के लिए उनके आंकड़े बने। वे बड़ी उत्सुकता से प्रतिक्रिया देते व अपने लिए तैयार प्रश्नावली में उत्तर देते, इन मंचों के माध्यम से वे अपना आभार भी प्रकट कर सकते थे। जब भी किरण दिल्ली जातीं तो

52 कर्मठ, जुझारू और सशक्त महिला : किरण बेदी

कम-से-कम ऐसे बीस लोगों के दल से भेंट करतीं। इस प्रकार उनका कार्य आगे बढ़ता रहा।

किरण की मिज़ोरम नियुक्ति ने उन्हें उनके कार्य को बढ़ाने में काफी सहयोग दिया। यहां उनके पास काफी ख़ाली समय रहता। मिज़ोरम ने काफी लंबे समय तक आपातकालीन समय देखा था, इसलिए वह कर्फ्यू जैसे वातावरण का अभ्यस्त था।

सड़कों पर प्रकाश व्यवस्था न होने के कारण शाम पांच बजते ही लोगों की आवाजाही घट जाती। लगभग 6 बजे तक सभी सामाजिक गतिविधियां समाप्त हो जातीं।

किरण के पास भी प्रतिदिन शाम 5 बजे के बाद कार्यालय का कोई काम नहीं रहता था। यह अनुभव एक ऐसे पुलिस अधिकारी के लिए सुखद था, जिसे दिन में 16 से 18 घंटे काम करने की आदत थी। इस हालात में किरण को अपना शोध व लेखन कार्य करने का पर्याप्त समय मिला, किंतु किरण अपने पी.एच.डी. कार्य का सारा श्रेय आई.आई.टी. दिल्ली (सामाजिक विज्ञान विभाग) को देती हैं। वे कहती हैं कि विभाग ने उन्हें सोचने व अपने कार्य की योजना बनाने की अनुमति दी जोकि उनकी रचनाशीलता के लिए आवश्यक था।

किरण को सितंबर 1993 में 'ड्रग एब्यूज एंड डोमेस्टिक वायलेंस' नामक शोध-पत्र के लिए डॉक्टरेट की उपाधि दी गई। यह किरण के लिए बड़े बदलाव का वक्त था। 18 वर्षों के लंबे कार्यकाल में वे पहली बार नियमित रूप से, परिवार के साथ दोपहर का भोजन ले रही थीं व शाम पांच बजे घर लौट रही थीं। वे स्वभाव से ही घरेलू जीवन से प्यार करती हैं व कैरियर के आरंभ होने के बाद पहली बार पारिवारिक जीवन का सुख मिल रहा था। घर के पास ही टेनिस कोर्ट था और कार्यालय तो बस बीस सीढ़ियां नीचे था। उनका घर एक पहाड़ी पर स्थित था। चूंकि खरीददारी के लिए कुछ नहीं था इसलिए थोड़ी बचत भी संभव हो पाई।

मिजोरम में सब्जियां मिलना मुश्किल था क्योंकि वे लोग मांसाहारी थे। वे सूअर, गाय, बकरा, मुर्गे और कुत्ते के मांस व मछली से ही तृप्त हो जाते। सब्जी, दूध व दूध से बने उत्पादों के बिना भी उनका काम चलता था। जब किरण व उनके परिवार को पता चला कि वहां साफ किया हुआ मुर्गा नहीं मिलता तो उन्होंने चिकन खाना ही छोड़ दिया। यह बात उन्हें तब

पता चली जब रसोइए ने घर पर ही मुर्गे को साफ करके पकाना चाहा। उन्होंने उसी दिन से लंच व डिनर के लिए चिकन को विदा दे दी।

मिज़ोरम का पर्वतीय इलाका बर्मा से लगा है इसलिए क्षेत्र के विद्रोही अल्पसंख्यकों के साथ कोई-न-कोई समस्या चलती ही रहती है। किरण के कार्यकाल के दौरान मिज़ो लोगों में हजार, व्रिदोही गतिविधियों में सबसे आगे थे। इनकी क्रांतिकारी परिषद ने स्वतंत्रता पाने के लिए भी कुछ बड़े कदम उठाए। यद्यपि किरण इनके संघर्ष को पूरी तरह से तो नहीं मिटा पाईं किंतु उसे सीमित करने में सफल रहीं। अनेक वर्षों के व्रिदोह के बाद मिज़ोरम ने संधि-पत्र पर हस्ताक्षर कर दिए। जब किरण वहां डिप्टी इंस्पेक्टर जनरल (डी.जी.आई (आर)) के पद पर नियुक्त हुईं, हालात लगभग सामान्य हो रहे थे।

मिज़ोवासियों में मद्यपान करनेवालों की संख्या बहुत बड़ी है। कई घरों में बिक्री व घरेलू प्रयोग के लिए चावल से 'जू' नामक शराब बनाई जाती है। किरण के कई कनिष्ठ अधिकारी इस लत के शिकार थे। प्रारंभ में तो कार्यालय में आती बदबू से उनका सिर चकरा जाता किंतु बाद में वे इसकी आदी हो गईं। वे उनके सांस्कृतिक मामलों में दखल देना नहीं चाहती थीं किंतु यह देखकर सदमा लगा कि इस तरह उनके कर्मचारियों की कार्यक्षमता प्रभावित हो रही थी। उन्होंने वहां बार-बार अपराध करने वाले अपराधियों के सूक्ष्म निरीक्षण के बाद पाया कि वे सब शराबी थे। किरण के पास वहां दिल्ली जितनी ताकतें नहीं थीं, इसलिए वे अपनी सभी रणनीतियां मिज़ोरम में लागू नहीं कर सकती थीं।

यद्यपि किरण ने शराबी पुलिसवालों की चिकित्सा के लिए घरेलू चिकित्सा सुविधा केंद्र खोल दिया, काफी अच्छे परिणाम आए। इसके अलावा 12-13 वर्ष के किशोर भी नशे की चपेट में थे। प्रॉक्सीवॉन व हेरोइन का जोर था। जब बच्चों को ये न मिलते तो वे नसों में शराब भरा इंजेक्शन देते व बेमौत मरते। यही गतिविधियां, उस क्षेत्र में तेजी से पनप रहे एड्स की वजह बनीं। मणिपुर, मिज़ोरम व नागालैंड के जनजातीय क्षेत्रों में मादक द्रव्यों का सेवन अधिक मात्रा में होता है। मिज़ोरम की स्थानी संस्कृति व भारत-बर्मा सीमा पर रोकटोक के अभाव में जनता को हेरोइन व दूसरे मादक द्रव्य आसानी से उपलब्ध हैं। किरण को अहसास हुआ कि पहले उन्हें इसी दिशा में केंद्रित होते हुए अपराध नियंत्रण को प्राथमिकता देनी होगी।

95 प्रतिशत मिज़ोवासी ईसाई हैं। किरण ने आपराधिक गतिविधियां घटाने व न्याय व्यवस्था लागू करने के लिए प्रार्थना की शक्ति का प्रयोग किया। उन्होंने जिला पुलिस स्टेशनों में शनिवार को 'प्रार्थना व पुनर्वास दिवस' घोषित कर दिया। एक सुपरिटेंडेंट पुलिस नास्तिक था, उसने यह रोकने को कहा तो उन्होंने साफ इंकार कर दिया। उन्होंने अपराधियों की पहचान का रिकॉर्ड भी बनाया। यह तरीका कारगर रहा क्योंकि मिज़ो एक पर्वतीय प्रदेश था।

मिज़ो स्वभाव से से बाहरी लोगों से द्वेष रखते हैं। वे गैर-मिज़ोवासियों को संदेह की दृष्टि से देखते हैं। वहां ऐसे लोगों को द्वेषपूर्वक 'वई' कहा जाता है किंतु किरण बेदी के रूप में उन्हें एक ऐसा व्यक्ति दिखा जो उनके व उनकी परिषद के लिए कार्य कर रहा था। वे उन्हें स्वीकारने व सराहने लगे। आम आदमी को किरण के प्रयासों से लाभ मिलने लगा। मिज़ो समुदाय ने भी लाभ पाया व सकारात्मक प्रतिक्रिया दी। हालांकि किरण के सभी प्रयासों के बावजूद, एक स्थानीय राजनीतिक दल उनके विरुद्ध आवाज उठाने लगा। वरिष्ठों ने सलाह दी कि वे अधिक समय तक उनका बचाव नहीं कर पाएंगे। उन्हें मिज़ोरम छोड़कर जाने को कहा गया। यदि वे न जातीं तो वहां की कानून-व्यवस्था और भी बुरी होने के आसार थे। समाज के कुछ वर्गों से लगातार धमकियां मिल रही थीं कि यदि वे न गईं तो उनके घर को आग लगा दी जाएगी। यदि किरण के लौटने से ही कर्फ्यू हट सकता है व हालात, कानून तथा व्यवस्था सामान्य हो सकते थे तो भलाई इसी में थी कि किरण पीछे हट जाएं। तब तक उनकी पुत्री व माता-पिता भी वहां से निकल चुके थे। किरण भी चुपचाप रात को, एक छोटा बैग थामे लौट आईं।

डॉ. किरण ने कहा : जब आप अलग तरीके से काम करते हैं तो समीकरण में बदलाव आता है, पहले वाली स्थिति नहीं रहती। इसमें स्थिति व परिवर्तन के बीच होने वाले संघर्ष से असुरक्षा उपजती है। तभी परिवर्तन को सहन नहीं किया जाता। यह शक्ति समीकरण का प्रश्न है।

---

12. एक पीड़ादायी अनुभव

पारिवारिक स्तर पर किरण बेदी को एक यंत्रणादायक अनुभव से गुजरना पड़ा। उनके पिता मिज़ोरम के स्वास्थ्यवर्द्धक वातावरण का आनंद ले रहे थे, वे अपने मनपसंद खेल टेनिस का खूब अभ्यास करते। एक सुबह उन्होंने पेट के एक हिस्से में तेज दर्द की शिकायत की तो पत्नी उन्हें अस्पताल ले गईं। तब डॉक्टरों ने किरण की मां प्रेमलता पेशावरिया को बताया कि उनके पति का तत्काल ऑपरेशन करना होगा क्योंकि एपेंडिक्स कभी भी फट सकता था। डॉक्टरों ने तसल्ली दी कि ऑपरेशन में केवल आधा घंटा लगेगा। वह ऑपरेशन चार घंटे चला।

कुछ ही देर में वहां किरण, मिज़ो गवर्नर, स्वराज कौशल व किरण के एक यूनीवर्सिटी मित्र भी आ पहुंचे, जो उनके माता-पिता का बहुत सम्मान करते थे। ऑपरेशन के बाद उन्हें बताया गया कि रोगी को एपेंडिक्स नहीं था, वह तो आंतों का तपेदिक था। उनकी सारी अंतड़ियां बाहर निकाल कर, साफ करके, परीक्षण के बाद वापिस लगाई गई थीं।

बाद में पता चला कि इस परीक्षण के दौरान अंतड़ियों का थोड़ा-सा भाग कट गया था। यही लापरवाही किरण के पिता को मौत के द्वार तक खींच ले गई। तीव्र संक्रमण व अवयवों की क्षति होने के कारण पेट फूलने लगा। सिलचर के सरकारी अस्पताल के प्रिंसीपल से संपर्क किया गया।

स्वराज कौशल ने डॉक्टर को बुलवाने के लिए हैलीकॉप्टर भेजा। उन्होंने रोगी की जांच की व पेट के कोने में चीरा लगा दिया। उसमें से काफी मात्रा में पित्त व घिनौना द्रव्य निकला। स्वराज कौशल खतरा भांप गए कि यदि किरण के पिता को किसी अच्छे अस्पताल न भेजा गया तो उनकी जान जा सकती थी। उन्होंने हैलीकॉप्टर में ही किरण के पिता व डॉक्टर को सिलचर भेज दिया। किरण व उनकी मां जीप से गईं।

सिलचर में भी पेट के उस द्रव्य को निकालने के सिवा कोई दूसरा उपचार नहीं दिया गया। प्रकाशलाल जी का वजन 58 किलो से 36 किलो रह गया था। किरण को सलाह दी गई कि वे पिता को दिल्ली ले जाएं क्योंकि उस अस्पताल में इस इलाज की सुविधा नहीं थी।

अब उन्हें सिलचर से गुवाहाटी जाकर इंडियन एयरलाइंस की उड़ान लेनी थी। हैलीकॉप्टर चालक ने बताया कि उसमें महिलाओं को बैठाने की अनुमति नहीं थी। मामला वरिष्ठ अधिकारियों तक पहुंचा तो, उन्हें बताया गया कि पेशावरिया दंपती के चूंकि कोई बेटा नहीं है अतः संकटकाल में इकट्ठी हुई बेटियां किरण, रीटा व अनु ही साथ जाएंगी। दिल्ली के वायु मुख्यालय से अनुमति आ गई।

पूरा परिवार आराम से दिल्ली आ गया फिर किरण के पिता को दिल्ली में एम्स (अखिल भारतीय आयुर्विज्ञान संस्थान) लाया गया। वहां किरण को पता चला कि रोगी की हालत इतनी खराब थी कि ऑप्रेशन करना खतरे से खाली नहीं था, दवाओं के सहारे चिकित्सा आरंभ की गई। परिवार केवल यही प्रार्थना कर सकता था कि आंतों का जख्म स्वयं ही भर जाए। किरण के पिता चार माह बाद अपने पैरों पर खड़े हो सके। ठीक होने के बाद, वे फिर से नई दिल्ली के चेम्सफोर्ड क्लब कोर्ट में टेनिस खेलने लगे।

डॉ किरण बेदी ने कहा: मेरा मानना है कि किसी भी व्यक्ति को कठिन-से-कठिन परिस्थितियों में भी आशा का दामन नहीं छोड़ना चाहिए।

13. भारत की विशालतम जेल का रूपांतरण

किरण बेदी (आयु, 44 वर्ष) को 1 मई, 1993 तिहाड़ जेल का इंस्पेक्टर जनरल नियुक्त किया गया। वे वहां मानवीय बदलाव लाईं, प्रशासनिक ढांचे को मानवीय आकार दिया व एक ऐसा उदाहरणीय तंत्र प्रस्तुत किया, जिसमें जेल प्रबंधन हरसंभव पक्ष शामिल था। कुल मिलाकर उद्देश्य यही था कि सामूहिक व व्यक्तिगत रूप से, बेजान हो चुके इस तंत्र को संवेदनशील व प्रतिक्रिया देने वाले प्रशासन के रूप में बदला जाए।

किरण बेदी ने अथक प्रयासों के बल पर इस सुधार प्रक्रिया में जेल प्रशासन, कैदियों तथा समुदाय को एक ही लक्ष्य दिया–एक 'सामूहिक' व 'सामुदायिक पहल' पर आधारित सुधार!

भारतीय पुलिस सेवा में किसी आई.पी.एस. अधिकारी के लिए जेल में नियुक्ति एक 'दण्ड नियुक्ति' मानी जाती है। किरण के लिए तो यह दोहरा दण्ड था, मिजोरम में दो वर्ष की कठोर नियुक्ति के बाद दिल्ली पुलिस ने उन्हें अपनाने से इंकार कर दिया था। कठोर नियुक्ति के बाद प्रत्येक अधिकारी को मनपसंद नियुक्ति पाने का अधिकार होता है, किंतु वहां उनके लिए कोई स्थान नहीं था। वे पूरे नौ माह तक काम सौंपे जाने की प्रतीक्षा में थीं।

जब सरकार ने उन्हें तिहाड़ जेल की नियुक्ति सौंपी तो उसका एक कारण यह था कि उनके लिए कहीं और स्थान ही नहीं था। उच्च अधिकारी उन्हें किसी कोने में टिका देना चाहते थे। यही वह स्थान था, जहां किरण को नियुक्ति देने के बाद भुलाया जा सकता था। उन्हें इसका जरा-सा भी एहसास नहीं था कि किरण उस नियुक्ति के बल पर जेल

सुधारों का ऐसा इतिहास रचेंगी, जो न केवल देश में बल्कि अंतर्राष्ट्रीय रूप से भी सराहा जाएगा। इसी कार्य के लिए किरण ने सरकारी सेवा में उल्लेखनीय कार्यों के लिए प्रतिष्ठित रैमन मैग्सेसे पुरस्कार भी पाया।

किरण ने तिहाड़ जेल में कदम रखा तो एक मानवीय दृष्टिकोण लेकर चलीं। समस्या विशाल व गंभीर थी, सुधार में महीनों लगे। मई 1993 में, तिहाड़ जेल परिसर में चार जेलें थीं। जिनमें 9,000 कैदी रह रहे थे। तंत्र उनकी रिहाई के बाद किसी भी तरह की सहायता नहीं देता था इसलिए वे बार-बार अपराध की दुनिया में लौट आते।

तिहाड़ जेल के कुख्यात मुख्यालय की नियुक्ति के माध्यम से किरण ने अनेक सुधार कार्य किए। पुलिस अधिकारी होने के नाते वे आक्रामक भीड़ में जाने की अभ्यस्त थीं इसलिए उन्हें कैदियों के बीच कोई समस्या नहीं आई हालांकि समस्या बहुत विकराल थी।

वे उस वातावरण में भी बड़ी निर्भीकता से कैदियों के साथ चर्चा करतीं, उनकी समस्याएं सुनतीं। इस तरह के आत्मीय वातावरण ने कैदियों को भी एहसास दिलाया कि वे पूरी तरह से अव्यवस्थित व केंद्र से परे थे। किरण का स्टाफ सहित इन मुलाकातों में शामिल होने का मकसद यही होता कि वे भी समस्या-समाधान में अपनी राय दे सकें व कुछ सामूहिक हल सामने आएं। इस तरह मौजूदा हालात को बदलने व सुधार लाने में काफी सहायता मिली।

उन्होंने कैदियों के लिए यथासंभव शिक्षा का प्रबंध किया। उन्होंने कैदी स्कूलों में नियमित अध्यापक रखवाए, व्यावसायिक प्रशिक्षण दिलवाया, जिसमें प्रशिक्षण की समाप्ति पर सर्टिफिकेट दिए जाते ताकि कैदी जेल से छूटकर भी एक नया भविष्य बना सकें।

जेल में ही सीमित औद्योगीकरण की नींव रखी गई ताकि कैदी काम करें व आय अर्जित कर सकें। एक पंचायत व्यवस्था बनाई गई, जिसमें कैदियों द्वारा चुने गए प्रतिनिधि, हर शाम को वरिष्ठ अधिकारियों के साथ बैठ कर समस्याएं सुलझाते। उन्होंने कैदियों के लिए खेल, योग प्रार्थना व धार्मिक उत्सव मनाने जैसी गतिविधियां भी प्रारंभ कीं।

याचिका पेटियां लगवाई गईं ताकि कैदी अपनी शिकायतें सीधी किरण तक पहुंचा सकें, उन्हें किरण का लिखित उत्तर भी मिलता। कैदियों के लिए ध्यान कोर्स चलाए गए, जिनमें विपशयना प्रशिक्षण

संस्था वाले भी शामिल थे। फिर जेल को 'धूम्रपान वर्जित क्षेत्र' घोषित कर दिया गया।

किरण प्रतिदिन जेल का दौरा करतीं। स्टाफ से हर चीज़ की पूछताछ होती, कैदियों की शिकायतें सुनी जातीं, साफ-सफाई का मुआयना होता, पूरे प्रबंधन का निरीक्षण होता व भोजन की गुणवत्ता पर नज़र रखी जाती। उन्होंने करीब तीस गैंगस्टर अपराधियों को अपने चार्ज में, अलग वैरकों में रखवाया ताकि वे जेल के दूसरे लोगों में शामिल न हों। उन्होंने कोर्ट में इसके खिलाफ आवाज़ उठाई तो अदालत ने किरण का ही साथ दिया। इसके बाद वे इतनी अच्छी तरह से पेश आए कि किरण ने उनकी टी.वी. दिलवाने की अर्जी भी मंजूर कर ली ताकि वे 1994 का विंबडलन टेनिस व वर्ल्ड कप फुटबाल चैंपियन शिप देख सकें। उनके लिए शिक्षा व ध्यान कोर्स का भी प्रबंध किया गया।

किरण की इन तिहाड़ जेल उपलब्धियों ने पूरी दुनिया का ध्यान अपनी ओर खींचा। उन्हें तिहाड़ जेल में इन उल्लेखनीय सुधारों के लिए ही, 1993 में फिलीपींस, मनीला में रैमन मैग्सेसे पुरस्कार प्रदान किया गया। वे न केवल भारत की पहली महिला पुलिस अधिकारी थीं बल्कि एक 'शांति' पुरस्कार पाने वाली पहली एशियाई पुलिस अधिकारी भी बनीं।

किरण को अमरीकी सीनेट की कांग्रेसनल कमेटी से नेशनल प्रेयर ब्रेकफास्ट के लिए व्यक्तिगत आमंत्रण मिला। उन्हें बिल क्लिंटन व उनकी पत्नी हिलेरी क्लिंटन से भेंट का अवसर मिला। 1995 में ब्रिटिश विदेश अधिकारी के निमंत्रण पर, ब्रिटिश जेलों का दौरा किया। 1995 में ही डेनमार्क में, संयुक्त राष्ट्र के विश्व सामाजिक सत्र में हिस्सा लिया।

इन सब उपलब्धियों के बावजूद किरण को मई, 1995 में आई.जी. (जेल) के पद से हटा दिया गया। सरकारी नौकरशाही के अंदर से शिकायतें आने लगी थीं; उनका कहना था कि वे जेल प्रबंधन की सभी प्रक्रियाओं का उल्लंघन करते हुए ऐसे तरीके अपनाती हैं, जो लोकप्रिय तो हैं किंतु सुरक्षा प्रणाली के लिए खतरा हैं व दूसरे किरण यह सब व्यक्तिगत रूप से वाहवाही पाने के लिए करती हैं।

प्रसिद्ध लेखक व पत्रकार खुशवंत सिंह ने तिहाड़ से, किरण के तबादले से जुड़ी सारी स्थितियों का निचोड़ इन शब्दों में प्रस्तुत किया है, "यह उन मुट्ठी-भर संकीर्ण दिमाग वाले ईर्ष्यालु लोगों की जीत है। उन्होंने

उस महिला पर जीत पाई है, जिसने न केवल अपना बल्कि भारत का भी मान-सम्मान बढ़ाया है।"

दुर्भाग्यवश, तिहाड़ जेल फिर से उसी दशा में आ गया जैसाकि किरण के जाने से पहले था। उन्होंने इसे 'तिहाड़ आश्रम' व 'सुधार स्थल' का नाम दिया था। उनके जाते ही कैदी इसे 'तिहाड़ अनाथाश्रम' कहने लगे।

डॉ. किरण बेदी ने कहा : जेल भेजा जाना अपने-आपमें एक दंड है। जेल लगातार सजा के लिए नहीं है। अपराध रोकने व सुधार लाने के लिए जेल अंतिम स्थान है।

---

14. यह हमेशा संभव है

किरण ने तिहाड़ में कार्य करते समय ही प्रतिष्ठात्मक जवाहरलाल नेहरू फैलोशिप अर्जित की थी। ऐसा लगता है कि शायद कोई छठी इंद्रिय ही इस विषय में उनकी सहायता कर रही थी। दिल्ली पुलिस में लौटीं तो पाया कि वहां उनके लिए कुछ भी प्रतीक्षारत नहीं था। उन्होंने स्वयं को मुक्त पाया। वास्तव में उन्होंने किरण को अपनी अपेक्षाओं व औपचारिक कर्त्तव्यों से मुक्त कर दिया था। अब वे कुछ 'शेष कार्य' छोड़कर नहीं जा रही थीं। उन्होंने निर्णय लिया कि वे फैलोशिप के माध्यम से एक पुस्तक लिखेंगी 'यह हमेशा संभव है।'

टेनिस खेलने के दिनों से ही किरण को घटनाओं के पूर्वानुमान व तैयारी की आदत हो गई थी। उन्होंने जेल में काम करते हुए कई 'वर्क नोट्स' बनाए थे जिन्हें संभालकर रखा था। वैसे भी उनके पुस्तकालय में रिकॉर्डस का सुव्यवस्थित संग्रह है। वे सब कुछ संभालकर रखती हैं। यह आदत उन्होंने अपने पिता से पाई। वे किरण की टेनिस संबंधी खबरों को सलीके से संभालते, अखबारों की कतरनें तारीखों के हिसाब से लगाते थे ताकि किरण उन्हें आकर देख सकें, पढ़ सकें।

तिहाड़ वापसी के बाद किरण पढ़ाई की छुट्टी पर घर थीं। रातोंरात मां ने ड्राईंग रूम को स्टडी रूम में बदल दिया। वहां एक पलंग भी था ताकि बेटी के लिए आराम व काम; दोनों की व्यवस्था रहे। उसी दौरान किरण ने वर्षों से संजोई गई सामग्री को देखा, विश्लेषण किया व छांटा। दिलचस्प बात यह हुई कि इस दौरान, कई रिहा हो चुके भारतीय तथा विदेशी कैदी उनके पास आने लगे। अब वे पूरी आजादी से बात कर सकते थे। किरण के पास वे सब बातें रिकॉर्ड थीं, जिससे कुछ नए आयाम सामने आए।

किरण के नाम आए, कैदियों के हजारों पत्र छांटे गए व उनके विचारों की प्रगति जानने के लिए विश्लेषण किया गया। लिखित दस्तावेजों के

62 *कर्मठ, जुझारू और सशक्त महिला : किरण बेदी*

अलावा किरण के पास ऑडियो-विजुअल व प्रकाशित सामग्री भी थी। उन्होंने तय किया कि वे पुस्तक के साथ एक सीडी-रोम भी बनाएंगी। यह अनूठा प्रयोग बड़ा खर्चीला था। रैमन मैग्सेसे पुरस्कार से जन्मी, उनकी संस्था ने पैसा दिया ताकि जेल सुधारों के प्रचार का लक्ष्य पूरा हो सके।

इस दौरान किरण ने अनेक यात्राएं कीं। वे भारत, उत्तरप्रदेश, बिहार, मध्य प्रदेश, केरल, तमिलनाडु, कर्नाटक व पश्चिम बंगाल की जेलों में गईं। विदेशों में ऑस्ट्रेलिया, आस्ट्रिया, डेनमार्क, जर्मनी, इटली, जापान, फिलीपींस, स्लोवाकिया, श्रीलंका, यू.के व यू.एस. की जेलों का दौरा किया। उन्होंने इन स्थानों पर अधिकारियों व कैदियों; दोनों से बातचीत की ताकि वहां चल रहे कार्यक्रमों व सुविधाओं का परिचय मिल सके।

किरण ने लेखन की निजी शैली विकसित की। जब तक विचारों का प्रवाह बना रहता, वे कई-कई दिन लिखतीं; जब मन में कुछ नया न आता तो वे जेलों के दौरों पर निकल जातीं। मानसिक जड़ता से मुक्ति पाते ही फिर से लेखन में जुट जातीं। इस तरह उन्हें तिहाड़ व दूसरी जेलों के तुलनात्मक अध्ययन का भी अवसर मिला।

एक तरह से पुस्तक ने भी उनके साथ यात्रा की।

उन्हें महसूस हुआ कि जेलों को नए विचारों व रवैयों की आवश्यकता थी। उन्हें लगा कि जेल की नीतियां बनाने वालों की सोच में बदलाव लाना आवश्यक है; तिहाड़ में जेल प्रबंधकों की सोच बदलने की सामूहिक चेष्टा सफल रही थी। किरण को लगता था कि यह पुस्तक उसी सामूहिक चेष्टा को एक सलाम होगी। वह एक सफल मॉडल को प्रस्तुत करना चाहती थीं जो तीन 'सी' पर आधारित था। सुधारात्मक, संकलनात्मक व सामुदायिक भावना (केरक्टिव, क्लेक्टिव व कम्यूनिटी)।

यह पुस्तक तीन भागों में बंटी है। पहले भाग में 'जो मौजूद था' इसका विस्तृत विवरण है। 'क्या आप प्रार्थना करते हैं' नामक पहला अध्याय उनके पहले दिन का अनुभव बताता है। यह एक ऐसी महिला पुलिस अधिकारी की मर्मस्पर्शी गाथा है, जो दिल से एक सुधारक व अपराध निरोधक है, वह कैदियों से पहली ही भेंट में आत्मीय संबंध बनाना चाहती है। यहां से वे पाठकों को जेल के भीतर ले जाती हैं। सब कुछ विस्तार से बताती हैं फिर चाहे वह रहन-सहन की दशाएं हों या स्वास्थ्य समस्याएं, महिलाओं पर अत्याचार हो या बालकों व युवकों को पथभ्रष्ट करना। साथ ही गुंडाराज व

भ्रष्टाचार का भी परिचय मिलता है।

पुस्तक के दूसरे भाग में वह बताया गया है, जो किया गया। इसमें बताया गया है कि कैसे एक जेल आश्रम में बदल गया। किरण के उसी मॉडल (सुधारक, सामूहिक व समाज पर आधारित) ने जेल का प्रबंधन संभाला। किरण ने विनम्रता से स्वयं को पीछे रखते हुए, पूरे स्टाफ को बदलाव लाने का श्रेय दिया व शाबाशी दी। किरण ने इस भाग में अनेक व्यक्तियों, संस्थाओं व बाहरी समुदायों के संगठित सदस्यों को भी योगदान के लिए धन्यवाद दिया है।

पुस्तक का तीसरा भाग है, आविर्भाव। हर प्रकार के चार्ट व ग्राफ से बात को समझाया गया है। इससे पता चलता है कि तिहाड़ ने किस तरह अंधकार से प्रकाश की यात्रा की। कैसे तिहाड़ को गिद्ध संस्कृति से आदर्श जेल में बदला और किरण कहती हैं कि यह सब उसी मॉडल के कारण साकार रूप ले सका।

पुस्तक का परिचय दलाई लामा ने लिखा। 25 सितंबर, 1998 को दिल्ली में, भूतपूर्व विदेश राज्यमंत्री नटवर सिंह के हाथों भव्य समारोह में पुस्तक का विमोचन किया गया।

मुंबई, कोलकाता, चेन्नई, त्रिवेंद्रम, चंडीगढ़ व अमृतसर में भी ऐसे विमोचन किए गए। फरवरी 1999 में, ललित मानसिंह (भारतीय हाई कमिश्नर) के हाथों लंदन में विशेष विमोचन किया गया।

यह पुस्तक यू.एस.ए. ऑस्ट्रेलिया, इटली व बांग्लादेश में भी प्रकाशित हुई है। इस पुस्तक का इंडोनेशियाई, गुजराती, मराठी व हिंदी भाषा में भी अनुवाद हुआ है। यू.के. व यू.एस.ए के प्रमुख पत्र-पत्रिकाओं में इसकी चर्चा की गई।

जेल सुधारों पर लिखी गई 'यह हमेशा संभव है' नामक पुस्तक 'रचनात्मक नेतृत्व' व 'प्रभावी प्रबंधन' का उदाहरण बन गई। इसकी विषय सामग्री दर्शाती है सारी बाधाओं, संकटों व बंद मार्गों के बावजूद सार्थक बदलाव की सुधारात्मक प्रक्रिया लागू की जा सकती है।

डॉ. किरण बेदी ने कहा : परिवर्तन नेतृत्व से आरंभ होता है। इसका जितना अभ्यास किया जाएगा, यह उतना ही उत्पादक होगा।

आनंदमग्न नन्ही बालिका के रूप में

मां प्रेमलता पेशावरिया के साथ बीते सुखद क्षण

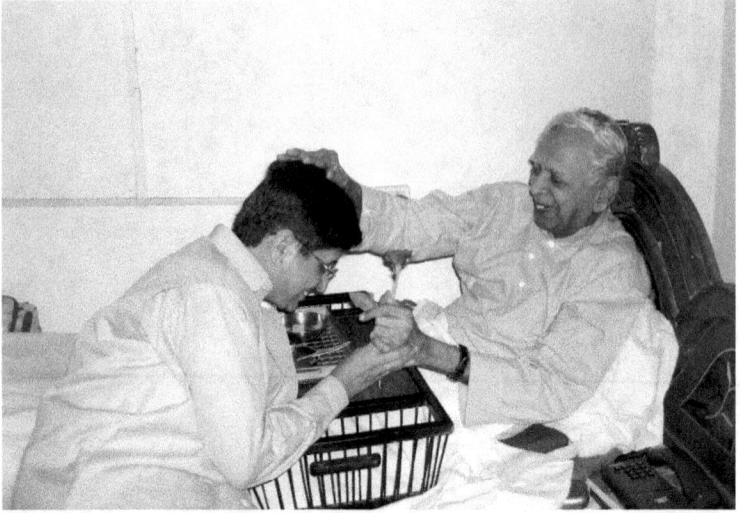

पिता प्रकाशलाल पेशावरिया के साथ आनंदपूर्ण क्षण

चार पेशावरिया बहनें: शशि, किरण, रीटा व अनु

कर्मठ, जुझारू और सशक्त महिला : किरण बेदी

तैराकी

चैंप अपनी ट्रॉफी के साथ

कर्मठ, जुझारू और सशक्त महिला : किरण बेदी

टेनिस खेलते समय

अमृतसर टेनिस कोर्ट में पति बृज के साथ

कर्मठ, जुझारू और सशक्त महिला : किरण बेदी

सुंदर युवा दंपती

नन्ही बिटिया साइना के साथ खेलते हुए

कर्मठ, जुझारू और सशक्त महिला : किरण बेदी

गणतंत्र दिवस समारोह (1975) में दिल्ली पुलिस दस्ते का नेतृत्व

प्रधानमंत्री श्रीमती इंदिरा गांधी के साथ

कर्मठ, जुझारू और सशक्त महिला : किरण बेदी

अकेले अकाली-निरंकारी विरोध से जूझते हुए

गृहमंत्री वाई.बी. चव्हाण द्वारा वीरता के लिए मिला पुलिस पदक

कर्मठ, जुझारू और सशक्त महिला : किरण बेदी

पारंपरिक पंजाबी लोकपोशाक में तस्वीर खिंचवाते हुए

तिहाड़ में, कैदियों के बच्चों के साथ मनाया अपना जन्मदिन

कर्मठ, जुझारू और सशक्त महिला : किरण बेदी

यू. एन. पीस-कीपिंग मिशन में, क्षेत्र के दौरे के दौरान

यू. एन. भवन के बाहर

कर्मठ, जुझारू और सशक्त महिला : किरण बेदी

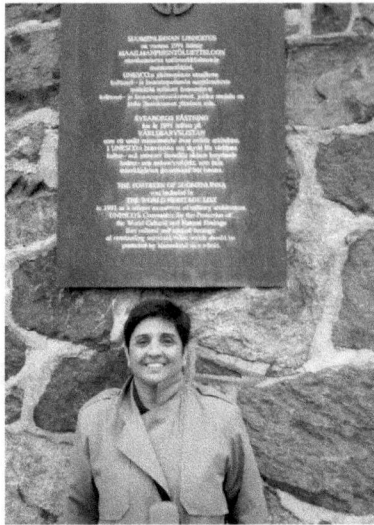

सुओमेजलिना दुर्ग के बाहर; इसे यूनेस्को ने 1991 में
विश्व विरासत सूची में शामिल किया, यह सैन्य
वास्तुकला का अनूठा स्मारक है।

हिज होलीनेस दलाई लामा के हाथों किरण की
वेबसाइट का शुभारंभ

कर्मठ, जुझारू और सशक्त महिला : किरण बेदी

फिलीपींस राष्ट्रपति फिडेल रेमोस से मैग्सेसे पुरस्कार लेते हुए

पुलिस अकादमी मनीला में गार्ड ऑफ ऑनर का निरीक्षण

कर्मठ, जुझारू और सशक्त महिला : किरण बेदी

वाशिंगटन में, राष्ट्रपति विल क्लिंटन व उनकी पत्नी हिलेरी क्लिंटन के साथ, नेशनल प्रेयर ब्रेकफास्ट मीटिंग में हिस्सा लेते हुए (फरवरी, 95)

पुलिस प्रशिक्षण कॉलेज में विपशयना ध्यान कोर्स

अपनी एन. जी. ओ. में, बच्चों के साथ

नियमित फिटनेस कार्यक्रम करते हुए

कर्मठ, जुझारू और सशक्त महिला : किरण बेदी

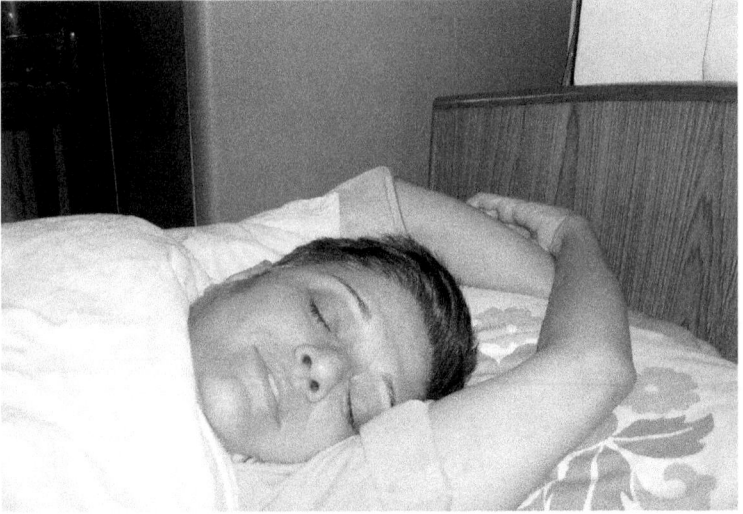

गहरी निद्रा का आनंद

अपने दामाद रूज़वेह व पुत्री साइना के साथ

कर्मठ, जुझारू और सशक्त महिला : किरण बेदी

अपनी दोहती मेहर के साथ बीते कुछ मीठे पल

आपकी कचहरी-किरण के साथ, में जज की भूमिका

कर्मठ, जुझारू और सशक्त महिला : किरण बेदी

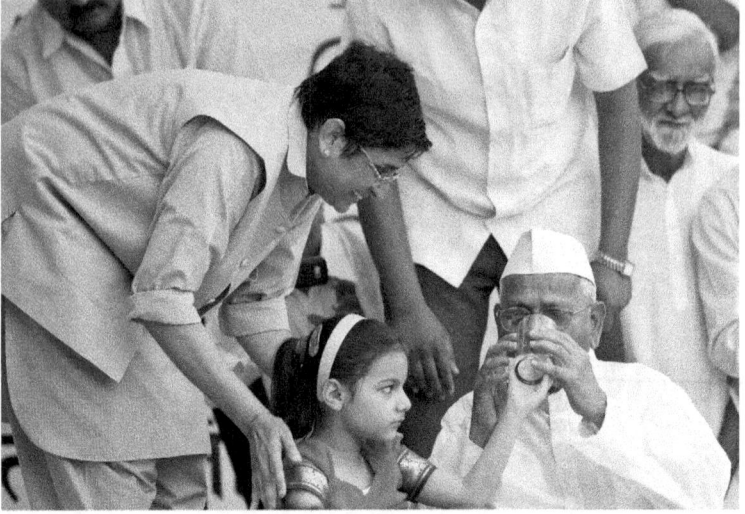

लोकपाल बिल के लिए अन्ना हजारे ने नई दिल्ली में आमरण उपवास आन्दोलन किया था। 9 अप्रैल 2011 को एक छोटी बच्ची के हाथों नीबू का रस पीकर उपवास तोड़ते हुए अन्ना हजारे।

डॉ. किरण बेदी अहमदाबाद में लेखक के परिवार के साथ। (बांये से दाएं; पिता श्री बालकृष्ण, माता श्रीमती ऊषा बालकृष्ण, डॉ. किरण बेदी, बहन राधा और लेखक सिद्धार्थ अय्यर।

कर्मठ, जुझारू और सशक्त महिला : किरण बेदी

15. मां से वियोग

किरण को उनके आग्रह पर फिर से दिल्ली पुलिस में ले लिया गया। इस बार वे चंडीगढ़ में ज्वाइंट कमिश्नर (प्रशिक्षण) नियुक्त की गईं। वे एक नई चुनौती का सामना करने व अपनी परख करने जा रही थीं कि वे पुलिस बल का नेतृत्व कैसे करेंगी। वे देखना चाहती थीं कि पुलिस को व्यावसायिकता कैसे सिखाएंगी, जिसकी उससे अपेक्षा की जाती है या सामने आने वाले दबावों से कैसे निपटेंगी।

केवल 41 दिनों में (5 अप्रैल 1999 से 15 मई 1999) कई बार इन सभी मोर्चों पर उनकी परख हुई। उन्होंने चंडीगढ़ आई.जी. पुलिस के रूप में सबसे छोटी नियुक्ति ली, किंतु यह अपने-आपमें सदमों से भरपूर रही।

जब किरण पुलिस तंत्र के सुधार में लगी थीं, उस समय वे स्वयं भी बुरी तरह से टूटी हुई थीं। किरण की मां जीवन के लिए संघर्षरत थीं। सेरीब्रल स्ट्रोक के बाद मां चंडीगढ़ में पोस्ट-ग्रेजुएट इंस्टीट्यूट (एक प्रमुख मेडिकल संस्था व अस्पताल) में गहरी बेहोशी (कोमा) में पड़ी थीं। किरण की मॉम उनके साथ चंडीगढ़ आई थीं। उन्हें किरण से बेहद लगाव था। वे दोनों ही, मां-बेटी के प्यारे से आदर्श रिश्ते की डोर से बंधी थीं।

किरण ने तो मॉम को कभी बीमार तक नहीं देखा था और यहां वे कोमा में थीं। किरण, उनकी बहनों व पिता ने यही सोचा कि शायद उन्हें दिल्ली ले जाने से तबीयत में सुधार हो जाए। हो सकता है कि घर का माहौल बदलने से थोड़ा अंतर आए। किरण के पिता के मामले में यही चमत्कार घटा था : जब वे आइज़ोल (मिज़ोरम) में थे तो एक लगभग प्राणघातक सर्जरी के बाद किरण के पिता को वायुमार्ग से दिल्ली लाना पड़ा था।

किरण ने भारत सरकार को मां की बिगड़ती दशा का हवाला देते हुए, दिल्ली तबादला करने का लिखित आग्रह किया। गृह मंत्रालय ने उसे मान लिया व किरण ने पदभार सौंप दिया।

इस दौरान वे दिल्ली भागीं ताकि वहां से ऐसी एम्बुलेंस ला सकें, जिसमें आई.सी.यू. लगा हो व मां को दिल्ली लाया जा सके। एस्कार्ट्स हृदय संस्थान ने ऐसी एम्बुलेंस का प्रबंध कर दिया, जो दिल्ली तक सायरन द्वारा रास्ता खाली कराती हुई आई। वे सीधे अस्पताल गए और फिर एक चमत्कार घटने की प्रार्थना करने लगे, किंतु किरण की मॉम को फिर होश नहीं आया व तीन दिन के बाद उनकी मृत्यु हो गई। वे 41 दिन तक कोमा में रहीं।

किरण चंडीगढ़ वापिस गईं ताकि वहां के मंदिर व गुरुद्वारे में अंतिम अरदास कर सकें; जहां उनकी मां के अस्पताल जाने के दिन से पुलिसवालों के परिवारवालों द्वारा गुरुग्रंथ साहिब का अखंड पाठ व अरदास चल रही थी। किरण की मां 41 दिन तक अस्पताल में रहीं। 41 बार अरदास की गई। किरण 41 दिन तक चंडीगढ़ पुलिस में रहीं व इन 41 दिनों के बाद पुनः प्रशिक्षक के लिए ही नियुक्ति हुई।

डॉ. किरण बेदी ने कहा : हमें उस सर्वशक्तिमान में विश्वास रखना चाहिए। उसे प्रसन्न करने के लिए अच्छे कर्म करने चाहिए। हमें मानव जाति की सेवा करनी चाहिए, क्योंकि यह उसी से संबंध रखती है।

16. दयालु पुलिसिंग

आर्ट्स विषय से ग्रेजुएट होने के बाद एम.ए. में दाखिले के बीच तीन माह का प्रतीक्षा काल था। इस दौरान सैर-सपाटा या आराम करने की बजाय किरण ने एक अच्छे स्कूल में जाकर बच्चों की नर्सरी क्लास में पढ़ाना शुरू कर दिया। इसके लिए उन्हें शारीरिक श्रम करना पड़ता। अमृतसर में घर से स्कूल की दूरी 10 कि.मी. थी, वे साइकिल पर स्कूल जातीं। वे नन्हे-मुन्ने बच्चों को कविताएं सुनातीं, उनके साथ खेलतीं व उन्हीं में घुल-मिल जातीं।

फिर उन्होंने पंजाब विश्वविद्यालय, चंडीगढ़ से पी.जी. की उपाधि ली। चूंकि किरण ग्रेजुएशन की पढ़ाई के दौरान एक टॉपर रहीं, इसलिए एम.ए. की परीक्षा का नतीजा आने से पहले ही उन्हें महिला कॉलेज में लेक्चरर पद मिल गया। वे अंडर ग्रेजुएट (पूर्व स्नातक) विद्यार्थियों को राजनीति विज्ञान पढ़ातीं व बाद में स्वयं एक छात्रा बन जातीं।

28 वर्ष बाद, 1999 में उन्हें एक बार फिर अपना अध्यापन कौशल दिखाने का अवसर मिला, वे दिल्ली पुलिस बल में शामिल होने जा रहे स्त्री-पुरुषों के लिए प्रशिक्षक नियुक्त की गईं।

उन्होंने न केवल उनके प्रशिक्षण का नियोजन व निरीक्षण किया बल्कि खास बात यह भी थी कि उनके साथ 'ध्यान' भी किया। उन्होंने पुलिस प्रशिक्षण को नए आयाम दिए। किरण वास्तव में अपने कार्यकाल के तीस साल पूरे करके बहुत आगे निकल आई थीं।

किरण ने दिल्ली पुलिस के लिए पुलिस ट्रेनिंग कॉलेज में प्रशिक्षण का भार संभाला। ऐसा पहली बार होने जा रहा था कि कोई वरिष्ठ अधिकारी (संयुक्त आयुक्त के पद का) प्रत्यक्ष रूप से यह कार्य कर रहा हो। पुलिस ट्रेनिंग कॉलेज 'झरौडा कलां' नामक जगह पर था, जो उनके घर से लगभग 45 कि.मी. दूर था। वे आने-जाने के समय का सदुपयोग करने के लिए

समाचार-पत्र व पत्रिकाएं पढ़तीं व फाइलों को देखते हुए ऑफिस के काम निपटातीं। कॉलेज पहुंचने के बाद प्रशिक्षण की गुणवत्ता की जांच, छात्रों से फीडबैक लेना व स्टाफ से संयोजन आदि करना अन्य प्राथमिकताएं होतीं।

प्रशिक्षण का कार्यभार संभालते ही, वे अविलंब पुलिस कमिश्नर वी. एन.सिंह व केंद्रीय गृहमंत्री लाल कृष्ण आडवाणी से मिलने गईं। वे उन्हें पुलिस दल के प्रशिक्षण में सामने आ रहे अपर्याप्त साधनों की जानकारी देना चाहती थीं। कंप्यूटरों व उस संस्थान को आधुनिक प्रशिक्षण संस्थान बनाने वाले साधनों का अभाव था। छात्रों को ब्लैकबोर्ड पर बने चित्रों की मदद से कंप्यूटर शिक्षा दी जाती व वे सफल भी घोषित किए जाते।

गृहमंत्री ने तत्काल प्रतिक्रिया दी। उन्होंने किरण से कहा कि वे प्रस्ताव लाएं, उसकी पूर्ति की जाएगी। किरण ने उत्सुकता से पुलिस आयुक्त को यह सूचना दी व अपने काम में जुट गईं। कुछ दिन बाद वे कंप्यूटर लैब, फायरिंग व ड्राइविंग उपकरण, मल्टीमीडिया व आडियो-विजुअल उपकरणों की मांग लेकर गईं। गृहमंत्री ने प्रस्ताव पढ़कर उचित निर्देश दे दिए। इस प्रकार दिल्ली पुलिस प्रशिक्षण कॉलेज नई तकनीकों से लैस मल्टीमीडिया उपकरणों, कैमरा, प्रोजेक्टर, स्क्रीन व स्पीकर्स आदि से भरपूर हो गया। इस प्रकार सोलह कक्षाओं में एक ही अध्यापक द्वारा पढ़ाया जाना भी संभव हो सका।

किरण ने प्रशिक्षण कॉलेज को इस सीमा तक आधुनिक बना दिया कि वह स्वयं में एक मिसाल बन गया। तिहाड़ जेल की तरह, किरण ने यहां भी विपशयना प्लान कार्यक्रम चलाया। प्रमुख उद्देश्य यही था कि स्टाफ के सदस्य दूसरों को अनुशासन में लाने व कुछ सिखाने से पहले स्वयं सीख सकें। किरण ने तय किया कि वे स्वयं दस दिन के विपशयना कोर्स में भाग लेंगी ताकि स्टाफ भी प्रेरित हो। जिस दिन 1100 पुलिस अधिकारियों व ट्रेनिंग लेने वालों ने एक साथ विपशयना ध्यान किया, उस दिन एक इतिहास रचा गया था।

एक महत्त्वपूर्ण दैनिक प्रबंधन अभ्यास यह भी था कि वहां फीडबैक तंत्र स्थापित किया गया। यह तिहाड़ जेल की याचिका पेटी जैसा ही था। यहां इसे फीडबैक बॉक्स का नाम दिया गया। प्रत्येक कक्षा के बाहर तालाबंद फीडबैक बॉक्स रख दिया जाता ताकि छात्र प्रशिक्षण के विषय में अपने सुझाव दे सकें, तालों की चाबियां किरण के पास रहतीं। ये बॉक्स

प्रतिदिन खोले जाते। किरण फीडबैक सामग्री पढ़तीं व उसे प्रतिदिन लंच मीटिंग के दौरान स्टाफ के सामने रखा जाता। फिर वे मिलकर समस्याओं के हल तलाशते। जल्दी ही पुलिस प्रशिक्षण कॉलेज गुरुकुल में बदल गया, शिक्षा व आध्यात्मिक ज्ञान पाने का केंद्र। यह अपने-आपमें पुलिस दल के लिए दुर्लभ प्रकार का संगठन था।

डॉ. किरण बेदी ने कहा : नेतृत्व अपने साथ केवल पद नहीं बल्कि दायित्व भी लाता है। यह काम करने व करवाने की एक कार्यशाला है। कठिन समय गुजर जाता है, किंतु कठोर व जुझारू व्यक्ति डटा रहता है।

---

17. इंडिया विज़न फाउंडेशन

किरण में सामुदायिक कल्याण के लिए इतनी उत्कट इच्छा है, जो कभी संतुष्ट नहीं होती! 1994 में, रैमन मेग्सेसे पुरस्कार पाने के बाद उन्होंने 'इंडिया विज़न फाउंडेशन' नामक संस्था की स्थापना की; यह रजिस्टर्ड गैर-सरकारी संगठन इसलिए बनाया गया ताकि जेल सुधार, मादक द्रव्यों से बचाव, महिला सशक्तीकरण, मानसिक रूप से अपंगों की सहायता व खेलों को प्रोत्साहन जैसे क्षेत्रों में परियोजनाओं को प्रोत्साहित किया जा सके।

आज यह संगठन आवासीय स्कूलों में शिक्षा प्रदान करता है व कैदियों के 300 से अधिक बच्चों को उनके घर पर शिक्षा दी जाती है। यह देहाती व झोपड़-पट्टी इलाकों में चल रहे स्कूलों को चलाने के लिए 'नवज्योति' की सहायता करता है, जिन्हें 'गली स्कूल' कहते हैं। इसके अतिरिक्त यह बालवाड़ी, जेलों में व्यावसायिक प्रशिक्षा केंद्र, पारिवारिक परामर्श केंद्र व देहाती क्षेत्रों में अपंगों व विकलांगों के लिए कैंप आयोजन का कार्यभार भी देखता है।

फाउंडेशन अपनी 'गली स्कूल परियोजना' के माध्यम से सड़क पर ही पाठशाला लगाकर शिक्षा प्रदान करता है। कोई भी स्थानीय आठवीं-दसवीं पास व्यक्ति अध्यापक बनकर, प्रतिदिन दो घंटे बच्चों को पढ़ाता है ताकि उन बच्चों में शिक्षा के लिए रुझान पैदा हो सके। स्थानीय अध्यापक को मानदेय भी दिया जाता है।

जब किरण तिहाड़ जेल की आई.जी. थीं तो वहां इंडिया विज़न फाउंडेशन को मिली पुरस्कार राशि के एक अंश से एक ब्रेड बनाने की इकाई व पॉलीगन हाउस बनाया गया। तब से उनकी दूसरी फाउंडेशन भी इतनी फल-फूल गई है कि सामुदायिक कल्याण के विविध क्षेत्रों (विशेष रूप से ग्रामीण) में अपनी सेवाएं दे रही है।

उनके माता-पिता, बहनों व उनके द्वारा दान में दी गई भूमि पर,

86 *कर्मठ, जुझारू और सशक्त महिला : किरण बेदी*

फाउंडेशन का बहुत सुंदर ग्रामीण विकास सामुदायिक केंद्र बनकर तैयार हुआ है जोकि दिल्ली के बाहरी इलाके में है। इसे नावैनियन सहयोग से बनाया गया है किरण के सामुदायिक कार्यों की विस्तृत जानकारी पाना चाहें तो निम्नलिखित तीन वेबसाइट देखें :

www.indiavision foundation.org
www.navjyoti.org.in
www.kiranbedi.org

किरण प्रत्येक कार्य को मिशनरी भाव से पूरा करती हैं। वे अपने दोनों संगठनों के लिए पूरी तरह से समर्पित हैं। वे मोबाइल फोन, इंटरनेट व ई-मेल के माध्यम से देश या उससे बाहर चल रहे किसी भी तरह के अनेक कार्यों की जानकारी लेती रहती हैं।

वे अवकाश व सप्ताहांत के अतिरिक्त निजी समय में से भी इन संगठनों के लिए समय निकालती हैं। उनकी पुस्तकों व स्तंभों से आने वाली सारी रॉयल्टी फाउंडेशनों के लिए है और यहीं वे अपने से भी परे चली जाती हैं।

इस प्रकार किरण ने अपने जीवन को आकार दिया है। यदि यह ऐसा न होता तो उनका सामुदायिक कल्याण कार्य भी इस हद तक विस्तृत न हो पाता। मिशन के प्रति वचनबद्धता व अपने कर्त्तव्य से भी परे चले जाना, किसी भी पुलिस अधिकारी के लिए निश्चित रूप से दुर्लभ होगा।

परंतु किरण सदा ही, स्वेच्छा व स्नेह से अपने से भी परे जाती आई हैं।

डॉ. किरण बेदी ने कहा : मैं अगले शिकार को बचाने के प्रयास में प्रतिकारी न्याय से पुन: रचनात्मक न्याय, दंड से सुधार व अंधकार से प्रबोध की ओर जाने के लिए प्रयत्नशील हूं।

---

18. संयुक्त राष्ट्र में मिशन

किरण को 2002 में स्पेशल कमिश्नर के पद पर प्रोन्नत किया गया। यह पदोन्नति उन्हें अंतिम उत्तरदायित्व के समीप ले आई–एक दिन अपनी प्रिय दिल्ली पुलिस का पुलिस कमिश्नर के रूप में नेतृत्व! उनके अनेक प्रशंसक व शुभचिंतक जाने कब से इसी प्रतीक्षा में थे कि वे इस पद को संभालें।

किरण को संयुक्त राष्ट्र से एक वरिष्ठ पद के लिए प्रस्ताव आया। इसका अर्थ था, देश से बाहर रहकर कार्य करना और उनकी पहली प्रतिक्रिया थी 'कभी नहीं'। पर तभी उन्हें लगा कि यह तो बृहद स्तर पर अंतर्राष्ट्रीय अनुभव पाने का सुनहरा अवसर था। उन्होंने इसके लिए तैयारी की, साक्षात्कार दिया व परिणाम की प्रतीक्षा करने लगीं, किंतु ईश्वर के पास उनके लिए सुनिश्चित योजना थी। वे 'कॉप ऑफ द वर्ल्ड' चुन ली गईं।

यू.एन. के सैक्रेट्री जनरल, कोफी अन्नान ने जनवरी, 2003 में उन्हें सिविलयन पुलिस सलाहकार के रूप में नियुक्त किया। किरण को जाने-माने प्रतिद्वंद्वियों के पैनल में से चुना गया था। यह नियुक्ति भी अपने-आपमें पहली थी, न केवल भारत में बल्कि विदेशों में भी, किरण संयुक्त राष्ट्र की पहली महिला पुलिस सलाहकार चुनी गईं।

उन्होंने पीस कीपिंग ऑपरेशन विभाग में दो वर्ष कार्य किया। इस दौरान अनेक देशों की यात्राएं कीं, बहुत पुस्तकें पढ़ीं। विविध प्रकाशन गृहों के लिए लिखा; अनेक विश्वविद्यालयों व संस्थाओं से विचार-विमर्श किए। वे अपनी व्यस्त दिनचर्या के बावजूद व्याख्यान देतीं, ऑडियो पुस्तकें सुनतीं; आध्यात्मिक संगीत व ध्यान से प्रशांति पातीं।

किरण व उनके सहकर्मियों ने अपने से वरिष्ठ जीन मारी गुइहिनो के सुयोग्य मार्गदर्शन में कार्य किया था, वे फ्रांस से थे। किरण ने अपने काम

को बेहतर तरीके से समझने व विस्तृत नज़रिया पाने के लिए उन फील्ड मिशनंस के दौरे किए जहां-जहां यू.एन. की सिविलयन पुलिस नियुक्त थी। वे तिमोर लेस्ते, (भूतपूर्व पूर्वी तिमोर, दक्षिण-पूर्व एशिया में), सिएरा लिओन (दक्षिण-पश्चिम अफ्रीका में) व कोसोवो (दक्षिणी यूरोप) गईं। इसके अतिरिक्त कांगो प्रजातांत्रिक गणराज्य, जार्जिया, साइप्रस व लोबिरिया भी उनके कार्य-क्षेत्र में आते थे।

किरण ने संयुक्त राष्ट्र के साथ अपने इस कार्य को 'पीस वाचिंग व पीस रीडिंग व पीस कीपिंग' के रूप में देखा। इससे पहले उन्होंने इन सभी विकासों के बारे में या तो टी.वी. पर देखा था या फिर समाचार-पत्रों में पढ़ा था, परंतु अब वे स्वयं इनका अंग हैं। उनसे इस विषय में पूछा गया तो वे बोली, 'मैं स्वयं को वैश्विक नागरिक अनुभव कर रही हूं।'

एक भारतीय के रूप में, संयुक्त राष्ट्र में उनकी प्रतिक्रिया के बारे में पूछा गया तो बोलीं :

''मैं अथक सहयोग के लिए अपने माता-पिता व परिवार की आभारी हूं। वरिष्ठों को उनके अमूल्य मार्गदर्शन, सहकर्मियों को उनकी ऊर्जा व सहयोग; प्यारे देशवासियों के भरपूर स्नेह, विश्वास व सबसे अधिक उस अपार ईश्वरीय कृपा को धन्यवाद देना चाहूंगी।''

किरण के यू.एन. पुलिस विभाग को एक वैश्विक परिवार कह सकते हैं जिनमें अमरीका, अर्जेंटीना, चीन, डच, न्यूजीलैंड, नाइजीरिया, नार्वे, फिलीपींस, पुर्तगाल, रशिया, स्वीडन, तुर्की, जिम्बावे व अन्य देशों के व्यक्ति शामिल थे। यह विभाग विविध प्रकार की गतिविधियों में संलग्न था, जैसे ऑपरेशन योजनाएं बनाना, नियुक्तियां करना, प्रशिक्षण देना तथा अंतर्राष्ट्रीय शांति स्थापना कार्यक्रमों को चलाना व प्रबंधन करना।

किरण की नियुक्ति सिविलयन पुलिस सलाहकार के रूप में हुई। जब सुरक्षा परिषद इस नतीजे पर पहुंचती कि कोई देश भीतरी युद्ध, खराब प्रशासन या किसी भी कारण से विनाश की ओर जा रहा है या उसे अंतर्राष्ट्रीय सहायता, हस्तक्षेप व समर्थन की आवश्यकता है तो उनके विभाग को उस देश के लोगों के बयानों पर आधारित राजनीति बनाने व सहायता देने का दायित्व सौंपा जाता है।

उनके विभाग प्रमुख अंडर-सैकेट्री जनरल के दो प्रमुख सलाहकार होते हैं : सेना व पुलिस। किरण की टीम में, 23 देशों से 25 पुलिस विशेषज्ञ

शामिल थे, जिन्हें वे अपने अनुभव देतीं। उन्हें दूसरे विभागों के लोगों के साथ मिलकर मूल्यांकन, समझौते, ड्राफ्टिंग, नियोजन, प्रस्तुतीकरण, चयन, नियुक्ति, समर्थन, दौरे व सहयोग प्रदान जैसे कई कार्य करने होते थे।

इस दौरान किरण की पुत्री साइना अपने भावी जीवन साथी रूज़वेह भरूया के साथ दोनों एन.जी.ओ. का कार्यभार संभालती रहीं। जब किरण विदेश गईं तो उनकी पुत्री दूरदर्शन के लिए धारावाहिक बना रही थी, जो किरण की पुस्तक 'व्हाट वेंट रांग' की केस स्टडीज पर आधारित था।

साइना ने किरण की अनुपस्थिति में नवज्योति को संभाला, जब बुलडोजरों ने गली स्कूलों को नष्ट कर दिया तो साइना ने नवज्योति की टीम के साथ मिलकर दोबारा उन गली-स्कूलों को वापिस दिलवाया।

किरण कहती हैं कि उनकी विदेश यात्रा ने, उनकी पुत्री में मिशनरी भाव पैदा किया जोकि उनके आध्यात्मिक मित्र रूज़वेह की देन थी। रूज़वेह मुंबई में पुस्तक लेखन के लिए आए थे, किंतु 'यमुना जेंटली नीरस' नामक वृत्तचित्र बनाने में व्यस्त हो गए। 13 अप्रैल 2003 को साइना व रूज़वेह विवाह बंधन में बंध गए। उनके यहां 'मेहर' नामक पुत्री ने जन्म लिया। किरण को नानी मां बनने का सौभाग्य मिला। मेहर उन्हें 'नानी' कहकर बुलाती है।

डॉ. किरण बेदी ने कहा : मेरे एजेंडा में कुछ भी अधूरा नहीं है। दिन में उतना ही काम करती हूं, जितना पूरा कर सकती हूं। सीधी-सी बात है यदि आज मरना पड़ा तो, मेरे पीछे कोई अधूरा काम नहीं होगा।

90 *कर्मठ, जुझारू और सशक्त महिला : किरण बेदी*

19. किरण ने ख़ाकी को दी विदा

23 जुलाई, 2007 को भारत को पहली महिला राष्ट्रपति (प्रतिभा पाटिल) मिलीं। उसी दिन भारत की राजधानी दिल्ली को पहली महिला पुलिस कमिश्नर मिल सकती थी किंतु ऐसा नहीं हुआ, निर्णय करने वालों ने अपने पद का पूरा-पूरा प्रयोग करते हुए, उन्हें न केवल ऊंचे पद से दूर रखा बल्कि व्यक्तिगत एजेंडे भी पूरे किए।

किरण को कुछ नौकरशाहों व उनकी ही पुलिस सेवा के कुछ सदस्यों ने न तो इस पद तक पहुंचने दिया और न ही दिल्ली पुलिस में लौटने दिया। उन्होंने किरण को दिल्ली की सेवा करने का अवसर नहीं दिया जोकि पुलिस-जनता संबंधों में नए आयाम रच सकता था। वे जानते थे कि किरण बदलाव लाने के लिए किसी भी हद तक जाएगी; जो उनके लिए घातक हो सकता था। वे किरण को देश में पुलिस सुधारों का अवसर कैसे दे सकते थे? फिर वे बीते समय की क्या सफाई देते? दिल्ली पुलिस के गढ़ को लोगों से सुरक्षित व अभेध रखने के लिए किरण को वहां से दूर रखना जरूरी था अन्यथा कई लोगों के अनुचित तौर-तरीके सामने आ जाते।

किरण ने भी मन-ही-मन तय कर लिया था व अपने नियंत्रकों को संकेत दे दिया था कि यदि उन्हें उनकी वरिष्ठता के अनुसार पद न मिला तो वे आवाज़ उठाएंगी। किरण को जो भय था, वही हुआ; उनसे पद व वरिष्ठता में जूनियर को दिल्ली पुलिस कमिश्नर का पद सौंप दिया गया।

किरण बेदी ने अपने विरुद्ध निरंतर विरोध के बावजूद सेवा को पैंतीस वर्ष दिए। उन्होंने सारी चुनौतियों का सामना करते हुए सड़े-गले तंत्र व प्रणालियों को बदला व कैरियर के हर कदम पर दमन सहा। उन्हें बार-बार यही सुनना पड़ता था, ''यदि तुम तंत्र का हिस्सा नहीं बन सकतीं तो इसे छोड़ क्यों नहीं देतीं?''

2007 के मध्य में वे अपनी सेवा के माध्यम से, पुलिस पदों में ऊपर तक आ चुकी थीं। वे नई दिल्ली में भारत सरकार के अधीन घरेलू मामलों के मंत्रालय में आने वाले सेंट्रल पुलिस आर्गेनाइजेशन में डी.जी.पी. के पद पर थीं। यदि वे लोग चाहते तो किरण की क्षमता व अनुभव से पूरा-पूरा लाभ लेते, किंतु उन्होंने किरण को सदा ऐसे पद सौंपे, जहां प्राय: कोई जाना ही नहीं चाहता था। वह नियंत्रकों की आंखों में निरंतर खटकने लगी थीं। ऐसा इसलिए था क्योंकि वे उनकी नकारात्मक कार्रवाई व तौर-तरीकों की साक्षी थीं। उन्होंने देखा था कि किस प्रकार ये उच्चपदस्थ अधिकारी पुलिस नेतृत्व को दरकिनार कर, राष्ट्र व उसके हितों को हानि पहुंचा रहे हैं। आज हम सब उनके परिणाम देख ही रहे हैं। भारतीय पुलिस पर से आम जनता का विश्वास हट चुका है।

किरण ने सेवा के दौरान सदा पूरी वचनबद्धता से काम किया। किसी को भी व्यक्तिगत रूप से नुकसान पहुंचाना, उनका लक्ष्य कभी नहीं रहा। तभी कुछ वरिष्ठ चाहते थे कि उन्हें सदा अच्छे पदों से दूर रखा जाए। उन्हें रचनात्मकता दिखाने के अवसरों से वंचित रखा जाता, जिनके माध्यम से वे पुलिस भागीदारी व सुधारों की पहल को प्रोत्साहित कर सकती थीं। चूंकि ऐसी रचनाशीलता पूरे तंत्र के लिए खतरा होती, इसलिए किरण को दूर रखना ही ठीक समझा गया। उन्हें हमेशा सत्ता के गलियारों से परे, किसी कोने में नियुक्ति दे दी जाती।

दरअसल किरण ने उनकी यह कोशिश भी नाकाम कर दी। उन्हें जहां भी नियुक्ति मिलती, वे अपने नए विचारों व कार्य के प्रति पूरी निष्ठा के साथ, वहां का माहौल ही बदल देतीं। इससे वे नियंत्रक और भी चिढ़ गए। उन्हें लगता था कि किरण उन्हें नीचा दिखाने व प्रचार पाने के लिए ही ऐसा करती हैं। किरण का मानना था कि मीडिया की भागीदारी से जनता न केवल समाज के कल्याण व विकास में हाथ बंटाएगी बल्कि देश की सुरक्षा में भी योगदान देगी। यह एक जाना-माना तथ्य है कि मीडिया किसी का मित्र नहीं होता। यदि मीडिया किरण के बारे में कुछ छाप रहा था तो इसका सीधा-सा अर्थ था कि उसे कुछ नया मिल रहा था।

किरण की अंतिम नियुक्ति के समय भी यही हुआ। उन्हें बी.पी.आर.डी. का डायरेक्टर जनरल नियुक्त किया गया। यह संस्था, राष्ट्रीय स्तर पर पुलिस शोध का निरीक्षण करती है। हालांकि इस ब्यूरो को पूरी तरह से

दुर्बल व विकलांग रखा गया था। किरण ने वहां जाकर देखा कि उस संस्था में तो संसाधनों का पर्याप्त अभाव था और कभी भी प्रभावी व उत्पादक संगठन का कोई प्रयास नहीं किया गया था। स्टाफ सक्षम होने पर भी, हाशिए पर था।

तब किरण ने गृहमंत्री शिवराम पाटिल से भेंट का समय मांगा। उन्हें तत्काल समय दिया गया। किरण ने उन्हें स्वेच्छा से सेवानिवृत्ति के लिए आवेदन-पत्र सौंप दिया। उसमें लिखा था –

प्रिय श्रीमान,

मैंने पिछले पैंतीस वर्षों से पूरे उत्साह व वचनबद्धता के साथ भारतीय पुलिस को अपनी सेवाएं दी हैं, अब मैं इस सेवा से, स्वेच्छा से सेवानिवृत्ति चाहती हूं ताकि मैं अपनी शैक्षिक, रचनात्मक व एन.जी.ओ. रुचियों को पूरा समय दे सकूं।

मैं आपको आश्वासन दे सकती हूं कि कार्यालय के बाहर भी सेवा के प्रति मेरी वचनबद्धता, आदर व समर्थन ज्यों-का-त्यों रहेगा।

आशा करती हूं कि आप शीघ्र ही मेरा आवेदन स्वीकार लेंगे।

भवदीय
डॉ. किरण बेदी

गृहमंत्री ने आवेदन-पत्र पर एक नज़र मारी व उसे एक तरफ रखते हुए कहा कि दिल्ली पुलिस कमिश्नर के पद वाला निर्णय उनके हाथों में नहीं था। किरण उन्हें धन्यवाद देकर बाहर आ गईं, नार्थ ब्लॉक से निकलते ही वहां मीडिया ने घेर लिया। दरअसल वे वहां किरण की ही प्रतीक्षा में खड़े थे, शायद उन्हें कहीं से भनक मिल गई थी। उन्हें लगा कि पुलिस कमिश्नर के पद वाले निर्णय पर फिर से विचार हो रहा था। पूछने पर किरण ने कहा कि वे काम से लौट रही थीं। भाग्यवश किसी ने नहीं पूछा कि कितने समय के लिए ऐसा होगा। केवल किरण ही यह उत्तर जानती थीं।

वे अपने कुछ सहकर्मियों के साथ मिलकर, संगठन के वार्षिक दिवस की तैयारियां करने लगीं। उन्होंने कई प्रकार के रोचक प्रबंध किए, नियंत्रण करने वालों को कुछ दिनों बाद लगा कि किरण ने हालात से समझौता कर लिया है। वे संगठन को काफी काम भेजने लगे, हालांकि वह नीरस

खानापूर्ति जैसे काम से अधिक नहीं था; जैसे पुलिस मिशन रिपोर्ट लिखना; जो केवल शेल्फों पर अंबार बनती हैं।

अब किरण ने सब छोड़ने का निर्णय लिया..... किंतु अपनी शर्तों पर....। इस बार उन्होंने भेंट लिए बिना ही, सामान्य पत्राचार से सेवानिवृत्ति के लिए गृह सचिव को लिखा। उन्होंने वार्षिक दिवस से अगले दिन से सेवानिवृत्ति नियोजित की ताकि वे ब्यूरो से जुड़ी अंतिम जिम्मेवारी पूरी करके जा सकें।

अंततः उनकी ऊर्जा मंजूर कर ली गई। उन्हें 24 दिसंबर, 2007 को इस आश्य का पत्र मिला। इस प्रकार, 26 दिसंबर, 2007 को भारत की पहली महिला पुलिस अधिकारी ने पैंतीस वर्षों की सुदीर्घ सेवा के बाद अपने उल्लेखनीय पुलिस कैरियर को अलविदा कह दिया।

वे कहती हैं: "यदि पुनर्जन्म होता है तो मैं उसी माता-पिता के घर में जन्म लूंगी किंतु भारत के गृहमंत्री के रूप में भारतीय पुलिस सेवा का राष्ट्रीय नेतृत्व करूंगी क्योंकि यही वह उत्तरदायित्वपूर्ण स्थान है, जहां से पुलिस, जेल व अपराधिक न्याय उभरेंगे। तब भारत विशालतम व सुरक्षित प्रजातंत्र का ऐसा उदाहरण होगा; जो लिंग व स्तर से परे; सभी को सुरक्षा का आश्वासन देगा।"

डॉ. किरण बेदी ने कहा : मेरे आत्मसम्मान, मेरी न्यायशक्ति, जीवन में मूल्यों व विश्वास ने वृद्धि की राह में आनेवाली बाधाओं से पार पाने की ताकत दी और मैं पूरी तरह से स्वतंत्र हूं। अपने समय की स्वयं मालकिन हूं।

20. अपने समय पर पूरा अधिकार

किरण ने अपने तरीके से काम करने के लिए 26 दिसंबर, 2007 को भारतीय पुलिस सेवा छोड़ी। अब उनका अपने समय पर पूरा हक था। सेवानिवृत्ति के एक सप्ताह के भीतर ही उन्होंने 2 जनवरी, 2008 को www.saferindia.com की स्थापना की। यहां उन लोगों की सुनवाई होती है, जिनकी शिकायतें थाने में दर्ज नहीं हुईं या पुलिस ने ध्यान नहीं दिया। यह उनकी एन.जी.ओ इंडिया विजन फाउंडेशन की परियोजना थी।

किरण कहती हैं कि 96 प्रतिशत अपराधों का तो पंजीकरण ही नहीं होता। लोगों व जनता को पता चलना चाहिए कि अब नेशनल पोर्टल पर भी अपराध का पंजीकरण हो सकता है। इससे पुलिस पर दबाव पड़ेगा। यह पोर्टल संबंधित पुलिस मुख्यालयों तक शिकायतें पहुंचाएगा। ई-मेल शिकायत एक वैद्य प्रमाण व रसीद होगी, जिसे पुलिस उपेक्षित नहीं कर सकती।

वे अचलपॉल, अरविंद वर्मा, नवीन वार्ष्णेय व श्री मलदीप सिद्धू नामक चार मित्रों की सहायता से यह कार्य पूरा कर सकीं। वे विविध क्षेत्रों से जुड़े व्यवसायी हैं; जैसे विज्ञान व तकनीक, जनसंचार व विधि। यह सेवा देश-भर से आने वाली शिकायतों पर प्रतिक्रिया देने के अलावा कानून के छात्रों को इंटर्नशिप भी दे रही है। इसमें एक पूर्णकालिक वेबसाइट अनूप सिन्हा, उत्तर प्रदेश से सेवानिवृत्त पुलिस अधिकारी के.के. गौतम प्रशासक हैं तथा वकील राजकुमार यादव स्वैच्छिक कानूनी सलाहकार हैं।

किरण का मानना है कि पुलिसिंग के पास सुधार करने, कार्य करने व करवाने की शक्ति है। उन्होंने पुलिसिंग को सदा समाजकल्याण से जोड़ा है। वे कहती हैं-"मेरे लिए यह कभी शक्ति से संबंधित नहीं रहा। मैं तो वर्दी पहने हुए एक नागरिक मात्र थी। मेरे लिए अपराध का निवारण ही प्राथमिकता रही। मैंने सदा आसपास के लोगों को प्रोत्साहित किया कि वे परिवार से ऊपर उठकर वृहत्तर समाज का कल्याण भी सोचें।"

जनवरी 2008 में आरंभ के बाद इस सेवा से, देश के विभिन्न हिस्सों से आए सैंकड़ों स्वयंसेवक जुड़े व राजधानी के आसपास प्रमुख शहरों में केंद्र खोले गए। कानून विधालय के अनेक प्रशिक्षुओं ने इस परियोजना पर शोध किया।

इसके बाद किरण ने एक और ई-पोर्टल प्रस्तुत किया। www.indiapolice.in जोकि पुलिस समुदाय के कल्याण के लिए कार्यरत होगा। इस साइट ने देश-भर में अपनी सेवाएं दे रहे पुलिसवालों के लिए एक मंच की स्थापना की है जोकि पद व भूगोल से भी परे होगा। इससे इनमें जिम्मेदारी को बांटने का भाव विकसित होगा...। वे कहती हैं कि वेबसाइट पर पंजीकृत किसी भी व्यक्ति को आईटी में निःशुल्क प्रशिक्षण मिलेगा व पुलिस में नियुक्त कर्मियों के बच्चों को विशेष छात्रवृत्तियां भी दी जाएंगी। इस पहल को वैश्विक तकनीक हस्तियों–एचपी, इंटेल व माइक्रोसाफ्ट ने प्रायोजित किया है।

समय होने के कारण अब किरण भारत तथा विदेशों से आए निमंत्रणों को स्वीकार रही हैं। ये निमंत्रण व्याख्यान देने, पुरस्कार लेने या देने के समारोहों से जुड़े होते हैं जिन्हें वे पहले नौकरी की प्राथमिकताओं के कारण स्वीकार नहीं पाती थीं। इन अवसरों से दोनों एन.जी.ओ. को भी भरपूर सहायता मिल जाती है।

अब वे विविध विषयों पर मीडिया के सामने बोलती हैं। समाचार-पत्रों व पत्रिकाओं के लिए लेखन को अधिक समय दे पाती हैं। वे इंडिया टुडे ग्रुप के रेडियो म्याऊं पर 'टॉप कैट' नामक साप्ताहिक कार्यक्रम भी देती हैं, यह महिलाओं का पहला चैनल अपने-आप में अनूठा है। अब वे जेल, गांव व देहात से जुड़ी परियोजनाओं पर अधिक ध्यान दे पाती हैं; जो प्रतिदिन 12,000 से अधिक लोगों को लाभ देती हैं। स्टाफ के लगभग 230 सदस्यों में अध्यापक, डॉक्टर, सलाहकार, प्रबंधक, निरीक्षक व एकाउंटेंट शामिल हैं जोकि एन.जी.ओ से वेतन भी पाते हैं।

1999 से एक परियोजना विलंबित होती आ रही थी; इस नॉनफिक्शन फिल्म 'यैस, मैडम सर' की भी स्क्रीनिंग हो गई है। इसे एक ऑस्ट्रेलियाई फिल्ममेकर मीगन डोनेमन ने बनाया है। इस दुनिया के तकरीबन सभी फिल्मोत्सवों में दिखाया गया। अकादमी पुरस्कार विजेता हेलन मीटेन ने इसकी कमेंट्री दी है। किरण टोंरटो, दुबई व एडीलेड में प्रश्नोत्तर सत्रों के लिए स्वयं

उपस्थित रहीं जोकि प्रत्येक शो के अंत में होते थे, जहां भी दिखाई जाती, लोग खड़े होकर तालियों की गड़गड़ाहट से स्वागत करते। इसे $ 100,000 की धनराशि के साथ श्रेष्ठ वृत्तचित्र पुरस्कार मिला। यू.एस. में पहली बार किसी वृत्तचित्र को इतनी धनराशि का पुरस्कार मिला है। इसे $ 2500 का सामाजिक न्याय पुरस्कार (सांता बारबरा अंतर्राष्ट्रीय फिल्मोत्सव, 2009) भी दिया गया। वृत्तचित्र को सर्वसम्मति से ज्यूरी ने भी बहुत सराहा है।

सेवानिवृत्ति के बाद भी किरण का जीवन रचनात्मक व उत्पादक कार्यों से भरपूर है। पहले वे कमाने के लिए सेवा देती थीं, अब वे सेवा के लिए कमा रही हैं। उनकी पुरस्कार राशि, किताबों से मिली रॉयल्टी, वक्ता शुल्क, समाचार-पत्र, रेडियो व टी.वी. से मिले मानदेय उनकी गैर-लाभकारी संस्थाओं को समर्पित हैं।

डॉ. किरण बेदी ने कहा : जीवन की 'स्विमोलॉजी' सीखना; जियोलॉजी, फिजियोलॉजी व मेटिओटोलॉजी से भी कहीं अधिक महत्त्व रखता है।

21. किरण की अदालत

हम सभी जानते हैं कि जीवन में किसी भी तरह के संघर्ष या विवाद का समाधान करना, मुश्किल कामों में से है। एक पुलिस अधिकारी व समाजसेविका के रूप में किरण बेदी आरंभ से ही व्यक्तिगत, पारिवारिक व सामुदायिक समस्याओं का समाधान करती आई हैं। जैसे ही वे सरकारी सेवा से मुक्त हुईं तो कुछ ही समय में स्टार टी.वी. चैनल तथा भारत के जाने-माने रचनात्मक टी.वी. निर्देशक सिद्धार्थ वासु की ओर से, 'आपकी कचहरी' नामक टी.वी. शो की मेजबानी का निमंत्रण आया। इस शो में वे दो पक्षों के बीच जज बनती हैं व उनके मामले को सुनकर न्याय करती हैं।

यह शो मौलिक ढांचे में है। संसार में कहीं भी इस तरह का शो नहीं होता, इससे 'रियल इंडिया' की झलक मिलती है। यह असली लोगों, जीवन के विवादों, भावनाओं व घटनाओं से जुड़ा है यानी इसमें सब कुछ वास्तविक है। कोई झूठे, भावनाओं के आडंबर या विवाद नहीं होते। यह निष्पक्ष निर्णय देता है। कोई नायक, रिहर्सल या रीटेक नहीं होते। यह जीवन के उस पक्ष से जुड़ा है, जो सामने आने से डरता है। फीडबैक के अनुसार यह पूरी दुनिया में देखा जाता है।

यह शो मानवीय व्यवहार के विभिन्न रूप दर्शाने के साथ-साथ अधिकारों व कानूनों की वैध शिक्षा भी प्रदान करता है। यहां आपराधिक मामले नहीं लिए जाते। ऐसे ही मामले लिए जाते हैं, जहां दोनों पक्ष कैमरे के सामने अपनी बात रखने की अनुमति दें व हर तरह से जिरह के लिए हामी भरें। उसी के आधार पर डॉ. किरण बेदी फैसला लेंगी। इसमें दिखाए जा रहे मामलों में, पारिवारिक मसलों से लेकर व्यावसायिक संबंध व व्यक्तिगत मुद्दे भी शामिल हैं।

डॉ. बेदी के लिए यह उनके आजीवन किए गए कार्य का विस्तार ही है; सुनना, बातचीत करना, राय देना, समझाना, निर्णय लेना, उसे लागू

कर्मठ, जुझारू और सशक्त महिला : किरण बेदी

करना, कानूनी चेतना फैलाना व फैसला देना। वे सभी शर्तें पूरी करते हुए एक बढ़िया मेजबान की भूमिका निभाती हैं। 35 वर्षों की व्यावहारिक पुलिस सेवा, बीस वर्षों का एन.जी.ओ. अनुभव, कानून में शिक्षा, घरेलू हिंसा पर डॉक्टरेट आदि उन्हें एक ऐसे सक्षम व्यक्तित्व के रूप में सामने लाते हैं; जिसमें विभिन्न मानसिक स्तरों के विविध व्यक्तियों से निबटने व बात करने की क्षमता है।

डॉ. बेदी जानती थीं कि यह शो समाज पर एक सकारात्मक प्रभाव डालने में सफल होगा। वे जानती थीं कि अंत: परस्पर संबंधों में समाधान देखते समय, दर्शक उस शिक्षा को अपने व्यावहारिक जीवन में भी प्रयोग कर सकेंगे। उनका मानना है कि विजुअल मीडिया, लोगों को विशेष रूप से प्रभावित करता है। यदि किसी भी तरह का बदलाव लाना हो तो इस प्रभावी माध्यम का प्रयोग कर सकते हैं।

सिद्धार्थ वासु की टीम में अनुभवी वकील शामिल हैं जो हर मामले से जुड़ी सारी संभव जानकारी एकत्र करते हैं, स्टार स्वयं भी ध्यान देता है। यदि दर्शक स्वयं इससे न जुड़े, किंतु किसी दूसरे को इसके माध्यम से लाभ पहुंचा सकता है। जो ध्यान के लिए आते हैं, वे मानसिक स्पष्टता व संकल्प लेकर जाते हैं। "आपकी कचहरी एक सामाजिक न्याय अदालत है जिसमें कानून के ज्ञाता व शिक्षित नागरिक शामिल हैं।" किरण बेदी कहती हैं।

इस शो में जज की भूमिका में वे पूरी तरह से निर्भीक, निष्पक्ष व खुलकर बोलने वालों में से हैं। वे स्वयं पूछताछ करती हैं, सलाह देती हैं, मध्यस्थ बनती हैं व फैसला सुनाती हैं। एक व्यक्ति व विविध भूमिकाएं! उनका निर्णय कानून, अधिकारों व सामाजिक न्याय पर आधारित होता है। वे कहती हैं कि भारत में सभी को कानूनी जानकारी लेनी चाहिए।

प्रत्येक धारावाहिक में नए मामले व विवाद को सुलझाया जाता है। शांत भाव से वार्तालाप, तीखी बहस और अचानक भावनात्मक रूप से विस्फोट-बेचारगी, गुस्सा, निराशा व अंत में प्रशांति, जैसे सभी मानवीय भाव व व्यवहार के रूप, शो में देखने को मिलते हैं। जो लोग सुनवाई की आस में बैठे रहते हैं, उनके लिए भी यह शो उम्मीद की एक किरण लाया है।

इसे 1 दिसंबर, 2008 को लांच किया गया व रात 10.30 बजे स्टार चैनल से प्रसारित किया गया। देखते-ही-देखते इस धारावाहिक की टी.आर.

पी. बढ़ गई। अगस्त 2009 में सीज़न–2 व 30 अप्रैल, 2011 में सीज़न–3 आया।

डॉ. बेदी को अनेक प्रशंसकों के पत्र मिलते हैं, जो कहते हैं कि इस शो ने उन्हें उनके अधिकारों से अवगत कराते हुए, आपसी विवादों के निपटारे में सहायता दी। यह शो एक आंदोलन बन गया है, जहां लोग एक बेहतर समाज निर्माण के लिए समस्याओं व मतभेदों का समाधान चाहते हैं। जहां प्रत्येक विजेता है व अंततः शांतिपूर्ण व सभ्य समाज की ओर अग्रसर है।

डॉ. बेदी कहती हैं–इस शो की विषय सामग्री में मेरी प्रेरणा छिपी है। यह वर्तमान समय पर पूरी तरह से प्रासंगिक है क्योंकि हमें स्वतंत्र व न्यायी श्रोता चाहिए जो प्रभावी मध्यस्थ बन सकें। यह उन लाखों लोगों के लिए भी उम्मीद की एक किरण बनकर आया है, जो न्याय के लिए संघर्षरत हैं।

उन्हें 7 जून, 2010 को 'आपकी कचहरी' के लिए स्टार परिवार अवार्ड्स 2010 की ओर से 'सबसे दमदार सदस्य' पुरस्कार प्रदान किया गया।

डॉ. किरण बेदी ने कहा : 'आपकी कचहरी' और कुछ नहीं, केवल सामाजिक न्याय अदालत है; जो ऐसे शिक्षित नागरिकों के मेल से बनी है, जिन्हें कानून की पूरी जानकारी है तथा वे न्याय व विश्वसनीयता का भाव रखते हैं।

100 *कर्मठ, जुझारू और सशक्त महिला : किरण बेदी*

22. भ्रष्टाचार पर युद्ध

लोकपाल शब्द का अर्थ है; भारत में सरकार के विरुद्ध शिकायतें सुनने वाला अधिकारी। यह शब्द संस्कृत के शब्दों लोक (जनता) व पाल (संरक्षक) से लिया गया है। इस प्रकार इसका अर्थ है 'जनता का संरक्षक'। भारतीय राजनीति में उच्चतर स्थानों पर जड़ें जमा चुके भ्रष्टाचार के समूल विनाश के लिए ही लोकपाल की अवधारणा प्रस्तुत की गई।

भारत में जन लोकपाल बिल एक ऐसा भ्रष्टाचार विरोधी साधन के रूप में बनाया गया है, जो एक लोकपाल/लोकायुक्त बनाएगा। यह चुनाव कमीशन की भांति एक स्वतंत्र इकाई होगी, जिसके पास सरकारी अनुमति लिए बिना ही राजनेताओं व नौकरशाहों पर मुकदमा चलाने की शक्ति होगी।

यह बिल एक ऐसे प्रभावी भ्रष्टाचार विरोधी साधन का कार्य करेगा जो भ्रष्टाचार का नाश करते हुए, इसके समर्थकों को संरक्षण भी देगा। इस पहल को, भारत के अनेक प्रबुद्ध नागरिकों, धार्मिक नेताओं, सूचना का अधिकार चाहने वाले कार्यकर्ताओं, समाज-सुधारकों व नौकरशाहों द्वारा समर्थन दिया गया। उन्होंने इंडिया अगेंस्ट करप्शन (आईएसी) नामक आंदोलन भी प्रारंभ किया है। इस आंदोलन में निम्नलिखित प्रख्यात व्यक्तित्व सम्मिलित हैं :

अन्ना हजारे
किरण बेदी
अरविंद केजरीवाल
बाबा रामदेव
श्री श्री रविशंकर
कुमार विश्वास
स्वामी अग्निवेश
मल्लिका साराभाई

संतोष हेगड़े
शांति भूषण
प्रशांत भूषण
आर्कबिशप विंसेंट एम कॉनसेसाओ
कमलकांत जायसवाल
प्रदीप गुप्ता
देवेंद्र शर्मा
सुभाषचंद्र अग्रवाल
विश्वास उतागी
बी आर लूला
सुनीता गोधरा
जस्टिस डी एस तेवतिया
सईद रिज़वी
महमूद मदानी
मुफ्ती शमून कासमी
सैयद शाह फज़लुर रहमान वईजी

यह आंदोलन, एक ऐसा नागरिक आंदोलन है जो सख्त भ्रष्टाचार-विरोधी कानूनों की मांग करता है। लोकपाल बिल 1968, 1971, 1977, 1985, 1989, 1996, 1998, 2001, 2005 व 2008 में प्रस्तुत किए गए, फिर भी कभी स्वीकृत नहीं हुए क्योंकि इससे राजनीति वर्ग में उथल-पुथल मच जाती। अप्रैल 2011 में सोशल एक्टिविस्ट अन्ना हजारे द्वारा किए गए उपवास व भारत के नागरिकों द्वारा किए गए विरोध प्रदर्शन के बाद, भारत सरकार ने मंत्रियों व सिविल सोसायटी एक्टिविस्ट के दस सदस्यों की संयुक्त कमेटी बनाई ताकि वे एक प्रभावी जन लोकपाल बिल को बना सकें।

भारत में भ्रष्टाचार से लड़ाई, किसी स्वतंत्रता संग्राम से कम नहीं रही। यद्यपि इस बार एक प्रमुख अंतर है। यह लड़ाई हमारे अपने शासकों के विरुद्ध है, जो पद व सत्ता के दुरुपयोग के आदी हो गए हैं; दुर्बल तंत्र होने के कारण उन्हें कानून के लंबे हाथों से बच निकलने का कोई-न-कोई रास्ता मिल ही जाता है।

हमारे प्रशासन में भ्रष्टाचार गहरी जड़ें जमा चुका है व दुनिया के विशालतम प्रजातंत्रों में से एक में; आम आदमी का भरोसा खो चुका है।

कोई आम नागरिक किसी अपराधी को दण्ड देना चाहे तो उसे पांच वर्षों में वोट देते समय ही यह अधिकार होता है कि वह भ्रष्टाचारी को वोट न दे। उसे इतनी लंबी प्रतीक्षा करनी पड़ती है किंतु उनका क्या हो, जो चुने न जाने के बावजूद पद व सत्ता में अपनी नियुक्तियों द्वारा आए हैं, उन्हें किस तरह दण्ड दें या तंत्र से बाहर निकालें?

हमारा कोई भी विजीलेंस या भ्रष्टाचार विरोधी विभाग पूरी तरह से स्वतंत्र व अंतिम नहीं है। यह भी नौकरशाहों व राजनीतिक प्रभाव के अंतर्गत आता है। देश की प्रमुख विजीलेंस व खोजी एजेंसियां व्यावसायिक रूप से अपर्याप्त हैं व बाहरी प्रभावों तले दबी हैं। वित्तीय व आपराधिक मामलों को भी अनदेखा कर दिया जाता है।

हमारे पुलिस थानों में केवल छोटे तबके के निर्धन अपराधियों को ही दंडित किया जाता है। धनी वर्ग में फैले भ्रष्टाचार पर कोई अंगुली नहीं उठाता। अपराध जितना छोटा होगा; पकड़े जाने, निलंबित होने या गिरफ्तार होने का खतरा उतना अधिक होगा। भ्रष्टाचार का विस्तृत रूप और भी ऊंचे स्तरों पर विराजमान है।

धनी-मानी लोग तरह-तरह की बेल व पैरोल के बल पर छूट जाते हैं। उनके लिए ए.सी. अस्पताल व नर्सिंग होम हैं जबकि गरीब कैदी गंदी-बदबूदार शयनशालाओं में सड़ते हैं।

भ्रष्टाचार ईमानदारी के मुकाबले कहीं चुस्त है। वर्तमान मानसिकता भी यही है। अनेक सर्वे इस बहस की पुष्टि करते हैं। हम बार-बार भ्रष्ट नेताओं को ही चुनते रहते हैं। हमारे तंत्र में वोट देने का अधिकार तो है किंतु अस्वीकृत करने का अधिकार नहीं है। हम गलत लोगों को वोट देते हैं, इस तरह उनके धन व राजनीतिक सत्ता को भी वैधता मिल जाती है। इस देश की 'सेवाएं' व 'सेवक' बिकाऊ हैं। यदि अपवादों को छोड़ दें तो प्रत्येक व्यक्ति के लिए उसके ओहदे व पद के अनुसार कोई-न-कोई मूल्य तय है, क्योंकि उसका पद जिम्मेदार व किसी रूप में सहायता देने में सक्षम है।

देश के पूरे विजीलेंस तंत्र में सुधार की आवश्यकता है। इसके लिए वैधानिक रूप से स्वतंत्र अस्तित्व रखने वाली पूछताछ एजेंसी होनी चाहिए, जिसे प्रतिभा के आधार पर बनाया जाए। वहां स्थिर कार्यकाल हो व पूर्वनियोजित बजट दिया जाए। इसके पास भ्रष्टाचारियों के खिलाफ ठोस कदम उठाने की ताकत होनी चाहिए।

एक बार हांगकांग में भी इसी प्रकार भ्रष्टाचार की स्थिति सामने आई। इसने एक स्वतंत्र इकाई बनाई, जिसमें विविध अनुशासनों से लिए नए स्त्री-पुरुष शामिल किए गए व उन्हें कुछ निश्चित प्रक्रियाओं के साथ काम करने की आजादी दी गई। इस संगठन ने कुछ ही वर्षों में सार्थक परिणाम दिए।

सिविल सोसायटी का सबसे बड़ा मुद्दा यह था कि कहां से आरंभ करें। वर्ष 2010 'घोटालों का वर्ष' रहा। बेशक, कई घोटाले सामने आए पर सरकार की तरफ से कोई बड़ी कार्रवाई नहीं की गई।

लोग जानते थे कि पीड़ा देने वाला हाथ बचाव नहीं कर सकता। जो लोग भ्रष्टाचार के कैंसर को फैला रहे थे, उनके हाथों नियम-कानून बनवाना आसान न था। चुनौती यही थी कि उन राजनेताओं को बदलाव लाने के लिए विवश कैसे करें; जो उनकी अपनी उत्तरजीविता या अस्तित्व को प्रभावित कर रहा था। यहां हम देखेंगे कि भ्रष्टाचार विरोधी आंदोलन कैसे आगे बढ़ा। इसके निर्माण का इतिहास जानेंगे, जिससे हम सभी अनभिज्ञ रहे।

29 अक्टूबर, 2010

नई दिल्ली में आयोजित प्रेस कांफ्रेंस, स्वामी रामदेव जी ने फोन से संबोधित किया। सभा में अरविंद केजरीवाल, मधु त्रेहान व किरण बेदी शामिल थे। इसमें मांग की गई कि राष्ट्रमंडल खेलों के आयोजकों के खिलाफ भ्रष्टाचार के मामलों का पंजीकरण हो। इनमें से कई अब जेल की सलाखों के पीछे हैं, जिनमें राष्ट्रमंडल खेलों के चेयरमैन सुरेश कलमाड़ी भी शामिल हैं।

14 नवंबर, 2010

करीब 10,000 लोग संसद मार्ग पुलिस थाने के समीप एकत्रित हुए ताकि राष्ट्रमंडल खेलों में हुए भ्रष्टाचार के खिलाफ शिकायत दर्ज करा सकें। अन्ना हजारे, बाबा रामदेव, स्वामी अग्निवेश, किरण बेदी व अरविंद केजरीवाल ने रैली में हिस्सा लिया। समाज के सभी प्रांतों व वर्गों से हजारों लोगों ने इसमें भाग लिया।

1 दिसंबर, 2010

नई दिल्ली में प्रेस कांफ्रेंस का आयोजन, यहां सिविल सोसायटी के सदस्यों द्वारा तैयार एक बिल (भ्रष्टाचार विरोधी) प्रस्तुत किया गया। प्रध

ानमंत्री, सीजेआई व मुख्यमंत्रियों को पत्र लिखे गए व लोकपाल/लोकायुक्त जैसे सशक्त भ्रष्टाचार विरोधी तंत्र की मांग की गई।

9 दिसंबर, 2010

2010 में एक दिवसीय सेमीनार हुआ, विषय था हमारी भ्रष्टाचार विरोधी एजेंसियां उच्चस्तरीय भ्रष्टाचार से निपटने में कितनी प्रभावी हैं।

30 जनवरी, 2011

भारत के 52 से अधिक शहरों व यू.एस. के कुछ शहरों में भ्रष्टाचार के खिलाफ मोर्चे निकाले गए। देश-भर में, लोगों ने अप्रभावी कानूनों की प्रतियां फाड़कर, सरकार के नाम संदेश दिया कि लोगों का दुर्बल व अप्रभावी भ्रष्टाचार विरोधी एजेंसियों से विश्वास उठ गया है। 'भ्रष्टाचार के विरुद्ध वोट बैंक' अभियान भी आयोजित किया गया। प्रधानमंत्री व अन्य राजनीतिक दलों के प्रमुख नेताओं से भेंट करने के लिए अनेक पत्र लिखे गए। हालांकि यह समझ नहीं आया कि मीडिया ने इसकी अहमियत को क्यों नहीं पहचाना।

31 जनवरी, 2011

सभी प्रमुख राजनीतिक दलों को मैमोरैंडम भेजकर सशक्त भ्रष्टाचार-विरोधी एजेंसी की मांग की गई।

2 फरवरी, 2011

प्रधानमंत्री, सोनिया गांधी व अन्य प्रमुख नेताओं के नाम, पत्र लिखकर मांग की गई कि लोकपाल बिल के कमेटी पैनल में, सिविल सोसायटी के सदस्यों को शामिल किया जाए। इस पर स्वामी अग्निवेश, किरण बेदी, अरविंद केजरीवाल व कमल जायसवाल ने हस्ताक्षर किए।

14 फरवरी, 2011

सोनिया गांधी ने केवल पत्र मिलने की सूचना दी, अन्य इस विषय में चुप रहे।

15 फरवरी, 2011

किरण बेदी व कमल जायसवाल ने एच.आर.डी. मंत्री कपिल सिब्बल से भेंट की, जन लोकपाल बिल का ड्राफ्ट प्रस्तुत करते हुए, व्यक्तिगत रूप से प्रत्युत्तर मांगा।

17 फरवरी 2011

अन्ना ने प्रधानमंत्री को मराठी भाषा में पत्र भेजा व कहा कि यदि तंत्र

को व्यवस्थित करने के लिए ठोस कदम न उठाए गए तो वे अनिश्चितकालीन उपवास के लिए बैठ जाएंगे।

26 फरवरी, 2011

अन्ना ने प्रधानमंत्री से लिखित आग्रह किया कि वे भारत में एक स्वतंत्र भ्रष्टाचार-विरोधी इकाई बनाने के लिए संयुक्त ड्राफ्टिंग कमेटी बनाएं। उन्होंने उस उपवास का भी स्मरण करवाया।

26 फरवरी, 2011

सिविल सोसायटी के सदस्य नेताओं से मिलते रहे (श्री एल.के.आडवाणी, सुश्री सुषमा स्वराज, शरद यादव, नरेंद्र मोदी, दिग्विजय सिंह आदि)।

7 मार्च, 2011

अन्ना हजारे व अन्य सदस्यों ने प्रधानमंत्री से मिलकर आग्रह किया कि वे सरकार द्वारा बने लोकपाल बिल के ड्राफ्ट से सहमत नहीं हैं; एक संयुक्त कमेटी का गठन करके, यह कार्य किया जाए। प्रधानमंत्री जी ने आग्रह ठुकरा दिया किंतु साथ ही यह भी कहा कि अन्ना अनशन पर न बैठें। उन्हें विचार-विमर्श के लिए 13 मई तक प्रतीक्षा करने को कहा गया। प्रधानमंत्री से पूछा गया कि संसद में लोकपाल बिल कब तक पेश किया जाएगा तो उन्होंने कहा कि ऐसा मानूसन सत्र में होगा।

8 मई, 2011

अन्ना ने फिर से पत्र लिखकर संयुक्त कमेटी बनाने की मांग की। यह भी कहा कि वे 5 अप्रैल को अनिश्चितकालीन उपवास पर जाने का निश्चय नहीं छोड़ेंगे।

11 मई, 2011

इंडिया इस्लामिक सेंटर ने कांग्रेस को छोड़कर बाकी सभी दलों की मीटिंग हुई। उन्होंने भी एक भ्रष्टाचार विरोधी सत्ता व इसके ढांचे का नमूना तैयार करने की आवश्यकता पर जोर दिया।

21 मार्च, 2011

अन्ना ने पुन: प्रधानमंत्री को इस विषय में अपने मत से अवगत कराया व कहा कि यदि बात न सुनी गई तो उपवास जारी रहेगा।

30 मार्च, 2011

अन्ना ने सभी दलों के नेताओं को अपने उपवास के विषय में बताया।

1 अप्रैल, 2011

जाने-माने क्रिकेट खिलाड़ी कपिल देव ने भी उपवास को समर्थन देते हुए प्रधानमंत्री को पत्र लिखा था।

4 अप्रैल, 2011

उपवास की घोषणा के लिए प्रेस कांफ्रेंस

5 अप्रैल, 2011

उपवास प्रारंभ–देश-विदेश के हजारों लोगों ने हिस्सा लिया। टी.वी. चैनलों ने सारा दिन प्रसारण किया। प्रिंट मीडिया ने भी खबरें छापीं व संपादकीय तैयार किए।

6 अप्रैल, 2011

अन्ना ने प्रधानमंत्री के दावे का खंडन किया कि वे किसी के भड़काने से उपवास पर नहीं बैठे; साथ ही पहले बनी संयुक्त कमेटियों के उदाहरण देते हुए कहा कि वह असंवैधानिक नहीं था। आमिर खान ने अन्ना व प्रध ानमंत्री को पत्र भेजा।

8 अप्रैल, 2011

कपिल सिब्बल व अन्य के निमंत्रण पर, अन्ना ने स्वामी अग्निवेश, किरण बेदी व अरविंद केजरीवाल को निर्देश दिए कि वे सरकार द्वारा मानी जाने वाली शर्तों का पता लगाएं। अन्ना के दल ने कमेटी के लिए पांच नाम सुझाए व को-चेयरमैन बनाने के लिए शांतिभूषण के नाम की सिफारिश की। सरकार ने उनकी यह बात मान ली।

9 अप्रैल, 2011

अन्ना ने कमेटी को औपचारिक गजट में नोटीफाइड देखा तो अपना उपवास तोड़ा। संयुक्त कमेटी में निम्नलिखित सदस्य शामिल थे :

सिविल सोसायटी के प्रतिनिधि

1. भूतपूर्व कानून मंत्री शांतिभूषण (को चेयरमैन)
2. अन्ना हजारे
3. प्रख्यात वकील प्रशांत भूषण
4. सेवानिवृत्त सुप्रीम कोर्ट न्यायाधीश संतोष हेगड़े
5. आरटीआई एक्टिनिष्ट अरविंद केजरीवाल

सरकारी प्रतिनिधि

1. वित्तमंत्री प्रणव मुखर्जी (चेयरमैन)

2. टैलीकॉम मंत्री कपिल सिब्बल
3. कानून मंत्री वीरप्पा मोइली
4. जल संसाधन मंत्री सलमान खुर्शीद
5. गृहमंत्री पी. चिदंबरम

जैसाकि उपरोक्त घटनाओं से पता चलता है, अन्ना रातोंरात अनशन पर नहीं बैठे। उन्होंने अपने दल के साथ तकरीबन सभी नेताओं से इस बारे में बात की, चाहे वे पक्ष से हों या विपक्ष से; उनसे भी शामिल होने का आग्रह किया, किंतु कोई आगे नहीं आया। तब इस दल ने स्वयं ही सशक्त होने का निर्णय लिया। बेशक, ये लोग अंगुलियों पर गिने जा सकते थे। उन कुछ महीनों के दौरान किरण अपने साथियों के साथ अनेक स्थानों पर गईं। स्वामी रामदेव के आस्था चैनल पर भ्रष्टाचार विरोधी संदेश चमके। श्री श्री रविशंकर जी ने भी सहयोग दिया। अन्ना ने महाराष्ट्र में सार्वजनिक सभाओं द्वारा लोगों को जागरूक किया। अरविंद की 'परिवर्तन टीम' ऐसे समर्पित स्वयं सेवकों का समूह थी, अपनी वेबसाइट www.indiaagainstcorruption.org वेबसाइट व सोशल नेटवर्किंग के माध्यम से लाखों लोगों तक पहुंच रहे थे।

डॉ. किरण बेदी व अरविंद केजरीवाल ने छात्रों व नागरिक समूहों तक अपनी पहुंच बनाई। किरण का मानना था कि युवाओं को अन्ना जैसे रोल मॉडल को अपनाना चाहिए। उन्होंने उन्हें आधुनिक समय का गांधी कहा। नांदेड़ में अन्ना के साथ, रैली के दौरान किरण ने उन्हें यह नाम दिया। किरण ने दर्शकों से कहा–हम महाराष्ट्र के गांधी को दिल्ली ले जा रहे हैं। किरण जी इस काम में जी-जान से जुटी थीं, पर घमंड या अहं लेशमात्र भी नहीं था। वे कहती हैं–"मैं प्रकृति के साथ चलती हूं। ईश्वर के अपने तरीके हैं। मेरा कर्त्तव्य है कि अपनी पूरी योग्यता के साथ उनके अनुसार चलूं।" इससे पहले कभी भी इतनी तत्परता व दृढ़ता के साथ जागरुकता नहीं आई थी। देश ने कुछ समय पहले वर्ल्ड कप जीता था। यह दूसरे के लिए तैयार था.....।

जन लोकपाल बिल एक दूसरी जीत थी। यह जीत कहीं-न-कहीं सभी भारतीयों की जीत थी। आई.ए.सी. ने इसे ऐसे बनाया था कि मंत्री से लेकर संतरी तक पूछताछ हो सके। नौकरशाहों व जजों को किसी भी तरह के दबावों से मुक्त रखा गया था ताकि वे निष्पक्ष भाव से कानून-व्यवस्था लागू करते हुए अपनी जवाबदेही निभा सकें। जबकि सरकार द्वारा तैयार बिल में ये सब शामिल न था।

कर्मठ, जुझारू और सशक्त महिला : किरण बेदी

अन्ना के अनशन के बाद संसद में यह मामला उठा पर बात नहीं बनी। ऐसे में सिविल सोसाइटी अपनी भूमिका निभाने आगे आई। अन्ना के निजी त्याग ने भारतवासियों की भलाई का मार्ग प्रशस्त किया। युवाओं को अपने नेतृत्व के लिए गांधी जैसे नेता मिल गए थे ताकि भ्रष्टाचार के खिलाफ लड़ सकें। यह युद्ध स्वतंत्रता संग्राम से केवल इतना ही अलग है कि हमें अपने ही लोगों से लड़ना है, जो लोभ व छल के व्यसनी हो गए हैं। इसे तो अब रोकना ही होगा। भारत इतना सक्षम है कि ऐसे बेईमानों को दंडित कर सकें व इनके कब्जे में छिपे राष्ट्रीय धन को वापिस ले सकें। अब नया लोकपाल बिल यही करेगा। हम अन्ना हजारे के नेतृत्व व भारतवासियों का धन्यवाद करना चाहते हैं, जो भ्रष्टाचार के खिलाफ एकजुट हुए।

डॉ. किरण बेदी ने कहा : शासक व शासित के बीच के अंतर को समाप्त किए बिना कोई भी भ्रष्टाचार समाप्त नहीं हो सकता। यह कोई आवेग या जुनून नहीं बल्कि सोचा-समझा अपराध है।

---

23. कुछ सुनहरी यादें

(लेखक, डॉ. किरण बेदी के साथ अपनी पहली कुछ भेंटों व उनके सहयोग का विवरण दे रहा है।)

एक दिन मुझे डॉ. किरण बेदी का फोन आया, वे मुझे बधाई देना चाहती थीं क्योंकि जापान के लिए विशेष छात्रवृत्ति कार्यक्रम के लिए मेरा चयन हुआ था ताकि मैं वहां भारतीय संस्कृति का प्रतिनिधित्व कर सकूं, यहीं से हमारी मित्रता आरंभ हुई। इंटरनेट व ई-मेल सुविधाओं की चर्चा करना चाहूंगा, उन्हीं के माध्यम से मैं डॉ. किरण बेदी व उनकी वेबसाइट kiranbedi.com तक पहुंच सका। मैंने उन्हें उनके इस प्रोत्साहन के लिए एक विनम्र ई-मेल भेजा व उनसे सहायता मांगी कि वे उनके व उनके कार्यों पर तैयार की जा रही प्रेजेंटेशन में मेरी सहायता करें। अगले ही पल मेरे इनबॉक्स में एक ई-मेल था, जोकि ब्लैकबैरी से भेजा गया था। उसे डॉ. बेदी ने ही भेजा था। उन्होंने मुझसे फोन नंबर मांगा और अगले ही पल मेरे घर के फोन की घंटी बजी, फोन उठाया तो आश्चर्य की सीमा न रही, स्वयं डॉ. किरण बेदी फोन पर थीं; उस दिन वे करीब आधा घंटा बात करती रहीं कि मुझे किस संदर्भ में उनके कार्य का उल्लेख करना चाहिए।

6 जून, 2010 को मैं पहली बार दिल्ली पहुंचा। दिल्ली के लिए पूरी तरह से अनजान व साथ ही थोड़ा घबराया हुआ भी था। डॉ. बेदी का ध न्यवाद; उन्होंने मुझे दिल्ली रेलवे स्टेशन से ले जाने के लिए अपनी निजी सचिव जसप्रीत कौर को भेज दिया था।

मैं और जसप्रीत आधे घंटे में डॉ. बेदी के ऑफिस पहुंचे। रास्ते में जसप्रीत अपने पर नियंत्रण नहीं रख पाई व मुझे बताया कि डॉ. बेदी मुझसे कितनी प्रभावित थीं। शीघ्र ही हम डॉ. किरण बेदी के ऑफिस, उदयपार्क पहुंच गए। मैं किरण बेदी से मिलने में थोड़ा-सा घबरा रहा था क्योंकि वे 'टफ टास्कमास्टर' कहलाती हैं। मैंने उन्हें टी.वी. पर न्यूज चैनल या आपकी कचहरी शो में देखा था। निश्चित रूप से, मेरे लिए यह अनुभव काफी चौंका देने वाला था।

जैसे ही जसप्रीत ने डॉ. बेदी के ऑफिस का दरवाजा खोला, मुझे ऑफिस में एक सशक्त सुर सुनाई दिया–

–"जसप्रीत! सिद्धार्थ को यहां ले आओ" वह स्वर किसी दूसरे का नहीं, स्वयं डॉ. बेदी का ही था।

कमरे में प्रवेश किया तो डॉ. किरण बेदी नीली कमीज व जींस में, बाईं ओर बैठी दिखीं। मैं भावनाओं पर काबू नहीं रख सका, सीधा उसी तरफ बढ़ा व आशीर्वाद लेने के लिए चरणों में झुक गया। उन्होंने पूछा–"कैसे हो बेटा?" मैंने उन्हें बताया कि मैं कितनी व्यग्रता से, उनसे भेंट की इन घड़ियों की प्रतीक्षा कर रहा था। अंततः उनसे भेंट का मेरा सपना साकार हो गया।

फिर उन्होंने मेरी भेंट, एक प्रमुख फ्रेंच बहुराष्ट्रीय कंपनी के एम.डी. श्री पवन चौधरी से करवाई। वे अनेक बेस्ट सेलर पुस्तकों के लेखक भी हैं; जैसे–'वेन यू आर सिकिंग बिकम ए सबमैरिन', ए ट्राईलॉजी ऑफ विस्डम। पूर्व के तीन महापुरुषों–(चाणक्य, कंफ्यूशियस व कबीर पर आधुनिक व्याख्या) व आर एम्स फैक्टर! डॉ. बेदी ने उन्हें भी मेरे बारे में बहुत कुछ बताया। वे दोनों एक पुस्तक पर काम कर रहे हैं; नागरिक सभ्यता पर लिखी जा रही इस पुस्तक का नाम है 'ब्रूम एंड ग्रूम'। मैंने डॉ. बेदी को बड़ी बारीकी से आगामी पुस्तक के बारे में चर्चा करते सुना व आनंदित हुआ।

डॉ. बेदी ने मुझे निजी प्रयोग के लिए ब्लैकबैरी दिया व कहा कि मैं नवज्योति में इंटर्नशिप व दिल्ली प्रवास में इसका प्रयोग कर सकता था। उन्होंने मुझे कितने प्यार व ध्यान से उस फोन का प्रयोग सिखाया, मैं तो अभिभूत हो उठा। फिर उन्होंने उसी फोन से मेरे पिता को सूचित किया कि मैं दिल्ली सकुशल पहुंच गया हूं। मैं उनकी विनम्रता व शिष्टाचार देख दंग रह गया। अपने सख्त बाहरी आवरण के बावजूद, ये किरण बेदी का वास्तविक स्वरूप था। मैं उनके पिता प्रकाशलाल पेशावरिया से मिला। आज डॉ. किरण बेदी में जो भी खूबियां हैं, वे उनके पिता की देन हैं व साथ ही उनकी परिश्रमी मां के योगदान को भी भुलाया नहीं जा सकता। दुर्भाग्यवश उनकी मां इस संसार में नहीं रहीं। डॉ. बेदी के पिता 91 वर्ष की आयु में व्हीलचेयर पर हैं व उनके घर में उनकी चौबीस घंटे देखरेख की जाती है। उनके घर पहुंचा तो वे बड़ी रुचि से, टी.वी. पर चल रहा टेनिस मैच देख रहे थे।

9 जून 2010 को डॉ. बेदी ने दिल्ली के बंसल भवन में जन्मदिन की दावत दी, जहां उन्होंने केक काटा, नाची–गाई व ऑल हॉट गर्ल्स पुट यूअर

हैंडस अप एंड से ओम शांति ओम व दूसरे बॉलीवुड हिट गानों पर ठुमके लगाकर सबको चौंका दिया। उन्होंने एनजीओ नवज्योति के सदस्यों के साथ अपना जन्मदिन मनाया। उन्होंने इन मौज-मस्ती से भरे क्षण का भरपूर आंनद लिया, सच में वे बच्चों की तरह चहक रही थीं। वे मेरे पास बैठीं व मेरे टिफिन से प्याज का परांठा खाया, जो उन्हें बहुत अच्छा लगता है। जिस व्यक्ति को मैं दिल से सराहता हूं व इतना आदर-मान देता हूं, उसी के साथ टिफिन में से खाते समय मेरी आंखें नम हो आईं। मैं उनके 62 वें जन्मदिवस की दावत का हिस्सा बना।

28 नवंबर 2010 को, डॉ. किरण बेदी अहमदाबाद में थीं, जहां उन्हें आईआईएमए, अहमदाबाद द्वारा आयोजित सेमिनार में भाषण देना था। उस दिन दोपहर को अचानक डैड के पास फोन आया, डैड जानकर हैरान रह गए कि फोन डॉ. बेदी का था। उन्होंने पूछा–"आपको पता है, मैं कहां हूं?" डैड को इस बारे में कुछ पता नहीं था। वे बोलीं–"मैं रिसेप्शन पर प्रतीक्षा कर रही हूं।" उस दिन मैं पहली बार परिवार सहित उनसे मिला। मेरी बहन ने ऑटोग्राफ मांगा, जो उन्होंने खुशी-खुशी दे दिया। उन्होंने हमें पंद्रह मिनट दिए व उस दौरान मेरी भावी योजनाओं पर चर्चा की। मैंने बेहिचक कहा–"डैड की तरह पत्रकार बनना चाहता हूं।" उन्होंने कहा कि यदि मैंने दृढ़ निश्चय, विश्वास व लगन से काम किया तो एक दिन मेरा सपना अवश्य साकार होगा। फिर वे हमें इसरार कर आईआईएमए ले गईं ताकि हम उनका भाषण सुन सकें। हम भी प्रसन्नतापूर्वक जा पहुंचे। वहां छात्रों व मीडिया का जमघट था। हम बालकनी में आरक्षित सीटों पर बैठे। मैं देख सकता था कि उनकी नजरें उस विशाल भीड़ में भी मेरे परिवार की झलक पाना चाह रही थीं। हमने उनके प्रेरणा व प्रोत्साहन से भरपूर व्याख्यान का आनंद लिया। फिर लौटते समय उन्होंने फोन पर पूछा कि मुझे उनका भाषण कैसा लगा। मेरे पास कहने को शब्द नहीं थे क्योंकि उनका भाषण वाकई दमदार व सशक्त था। फिर मैंने उन्हें सुरक्षित यात्रा की शुभकामनाएं दीं। उन्होंने मुझे आशीर्वाद दिया कि एक दिन अवश्य ही मेरा पत्रकार बनने का सपना साकार होगा। बाद में, मैं जुलाई 2011 में, उनके ऑफिस में ठहरा व इस पुस्तक के लिए देर रात तक काम किया।

उन्होंने मुझे कहा कि मेरे लिए उनका ऑफिस चौबीसों घंटें खुला है। उन्होंने यह भी कहा कि मैं ब्रेक टाइम में, उनके ऑफिस में रखा टी.वी. देख सकता हूं। मैंने उनके कम्प्यूटर पर काम किया। वाह! मेरे लिए डॉ किरण बेदी के डेस्क पर बैठकर काम करना एक जबरदस्त अनुभव रहा।

उनके ऑफिस में प्रशस्ति पत्र, ट्रॉफी, शील्ड, पुरस्कार, मैडल, सर्टिफिकेट व स्मारकों की भरमार है, जो उन्होंने जीते या उन्हें प्रदान किए गए हैं। वहां विविध प्रांतीय भाषाओं में तैयार उनकी पुस्तकों का विशाल संग्रह भी है। उन्होंने कई पुस्तक श्रेणियां भी बना रखी हैं, जैसे—आध्यात्मिक, फिक्शन, राजनीति, सामान्य, भारतीय पुलिस व पुलिसिंग, जीवनियां व महान व्यक्तियों की आत्मकथाएं। वे स्वामी विवेकानंद जी की शिक्षाओं से विशेष रूप से प्रभावित हैं। इसके अतिरिक्त विविध प्रकाशनों, संगठनों व दुनिया-भर के लेखकों द्वारा जो उन पर लिखा गया या उन्होंने जो भी लेख आदि लिखे, उनका ब्यौरा भी ऑफिस में है। सामाचार-पत्रों की कतरनों (उन पर लिखी गई व उनके द्वारा लिखी गईं) का रिकॉर्ड भी मौजूद है। मैंने उनके कार्यालय का सूक्ष्मता से निरीक्षण किया। इससे मुझे ऑफिस में उनके कार्य करने के तौर-तरीकों का परिचय मिला।

वे मुझे अपने साथ कार में एक फ़ोटोग्राफी प्रदर्शनी 'वियांड द शेडो' में ले गईं। यह कलाकार श्री मुनीश खन्ना व नवज्योति इंडिया फाउंडेशन का सम्मिलित प्रयास था। यह कार्यक्रम 1 जुलाई, 2011 को इंडिया हैबीटेट सेंटर में था। यह प्रदर्शनी कुछ संसाधन उत्पादित करने के लिए लगाई गई ताकि समाज के अल्प-सुविधाभोगी वर्ग को रोजगार के अवसर देकर आत्मनिर्भर बनाया जा सके।

इस तरह उनके जीवन में भी परिवर्तन आएगा। दिखाए गई तस्वीरों में प्रकाश व रंगों का अच्छा मेल था। इस प्रदर्शनी एब्सट्रेक्ट, प्राकृतिक दृश्य, सूखी पत्तियां व ताजे फूल, पुरानी जंग लगी चाबियों व रंग-बिरंगे संगमरमर को विविध रूपों व रंगों में प्रस्तुत किया गया था। कुछ फोटो कैनवास पर प्रिंट होने के कारण पेंटिंग जैसे दिखते थे।

मेरे लिए डॉ. किरण बेदी एक महान हस्ती हैं। भारत के लोग उन्हें प्यार व आदर-मान देते हैं। वे उनके शब्दों को सुनते हैं, किरण के शब्दों का सम्मोहन उन्हें बांध लेता है। कहना चाहूंगा कि उनके साथ ने मुझे पूरी तरह से ऊर्जान्वित कर दिया। वे एक गंभीर, मस्तमौला, अनुशासित, व्यस्त, सहज व केंद्रित व्यक्तित्व हैं तथा जीवन के प्रत्येक चरण में पूरी तरह से संतुष्ट रहने वालों में से हैं।

डॉ. किरण बेदी ने कहा : आजकल के बच्चों को पहले से कड़ा परिश्रम करना चाहिए, क्योंकि प्रतियोगिता कड़ी है व सफलता पाना इतना आसान नहीं है।

24. एक दृढ़ व्यक्तित्व की महिला : डॉ. किरण बेदी

जो लोग अपने दायित्वों से भी परे जाकर मानवता की सेवा में संलग्न होते हैं, वे विशेष लोग होते हैं। किरण बेदी भी उन्हीं में से एक हैं। एक महिला व अधिकारी के रूप में; उनकी करुणा, चिंता व वचनबद्धता ने उन्हें विशेष से पहचान दी; फिर भले ही वह मादक द्रव्यों के नियंत्रण का क्षेत्र हो या फिर जेल प्रशासन!

वे भारतीय पुलिस सेवा में, पहली उच्चपदस्थ महिला पुलिस अधिकारी हैं जिन्होंने पुलिसिंग को नए मानवीय पहलू दिए–जिनमें संकल्पशक्ति, समर्पण, कार्य के प्रति पूरी निष्ठा, नई खोजी प्रवृत्ति, करुण व कभी पीछे न हटने वाला रवैया शामिल हैं।

'भारत की सबसे चहेती महिला' के रूप में चुनी गई किरण एक जानी-मानी पुलिस अधिकारी हैं; जिन्होंने अनेक पुरस्कार व उपाधियां पाईं, इनमें सरकारी सेवा के लिए मिला 'रैमन मैग्सेसे पुरस्कार' विशेष रूप से उल्लेखनीय है। 1993 से 1995 के दौरान, तिहाड़ जेल में किए गए सुधारात्मक कार्यों के लिए ही उन्हें यह पुरस्कार प्रदान किया गया। उन्होंने भारतीय पुलिस सेवा के दौरान अनेक निर्णयों में अहम भूमिका निभाई; जिनमें मादक द्रव्यों पर नियंत्रण, यातायात प्रबंधन व अति विशिष्ट व्यक्तियों की सुरक्षा आदि उल्लेखनीय हैं।

सिद्धार्थ अय्यर ने सुपर कॉप से विविध विषयों (बाल्यकाल से लेकर वर्तमान तक) पर प्रश्न पूछे। उसी साक्षात्कार के कुछ अंश प्रस्तुत है :

सिद्धार्थ : आपने आई.पी.एस में दाखिला लेने की क्यों सोची? क्या आप नहीं जानती थीं कि यह संपूर्ण रूप से पुरुष प्रधान पेशा था? उन दिनों, देश की पहली महिला पुलिस अधिकारी बनना कितना आसान या मुश्किल रहा?

किरण : एक लड़की होने के नाते, मैंने समाज में बहुत भेदभाव देखे, अमीर-गरीब का भेद, दुर्बल-शक्तिशाली का भेद व लिंग भेद। इसका मुझ

पर गहरा प्रभाव हुआ व मैंने तय कर लिया कि कभी इस भेदभाव का शिकार नहीं बनूंगी। ऐसी अवस्था से बचने के लिए आवश्यक था कि मैं स्वयं किसी ऐसे स्थान पर होती; जहां से अपने साथ-साथ दूसरों की मदद करना भी संभव हो पाता।

सिद्धार्थ : क्या कोई ऐसे अवसर भी आए, जब आपको अपने पुरुष सहकर्मियों के साथ भेदभाव या अन्याय सहना पड़ा?

किरण : हां, ऐसा भी हुआ। मुझ पर सदा संदेह किया जाता। सत्तासीन पुरुष मेरी पिछली उपलब्धियों से आश्वस्त नहीं होते थे। वे भरोसेमंद पुरुषों से काम करवाना चाहते क्योंकि अंधे, गैरकानूनी व बेतुके आदेशों के लिए मुझ पर भरोसा नहीं किया जा सकता था।

सिद्धार्थ : अपने परिवार के बारे में कुछ बताएं।

किरण : मुझे बहुत ही देखरेख करने वाले दृढ़ निश्चयी माता-पिता व बहनों का साथ मिला। यह एक ऐसा खेल पसन्द परिवार था जिसके प्राण टेनिस में बसते थे।

मेरे पिता राष्ट्रीय स्तर के टेनिस खिलाड़ी थे व मां अपनी कक्षा में सदा प्रथम स्थान पातीं। मेरी बहनें भी शिक्षा के क्षेत्र में अग्रणी रहीं। मेरी छोटी बहन एक विंबलडन खिलाड़ी व तीन बार राष्ट्रीय चैंपियन रही, जबकि मैं एशियाई चैंपियन थी। मेरे पति भी टेनिस खिलाड़ी थे। हम सभी सेवा व अनुशासन के लिए पूरी उमंग से खेल व शिक्षा के क्षेत्र में थे।

सिद्धार्थ : आप कैसी बालिका थीं?

किरण : ओह! एक बच्ची के रूप में तो मैं हमेशा सड़कों पर टेनिस खेलती, जॉगिंग या कसरत करती पाई जाती। मैं हमेशा घर के बाहर होने वाली गतिविधियों में मग्न रहती। मुझे इस बात से कोई फर्क नहीं पड़ता कि धूप तेज है या वर्षा हो रही है या मेरा रंग सांवला हो जाएगा। टेनिस खेल के कारण ही मैंने बाल भी कटवाकर छोटे कर लिए थे।

सिद्धार्थ : क्या आप इस 'हेयरकट' से जुड़े किस्से को बता सकती हैं?

किरण : मेरा रंग सांवला था, अक्सर बाल एक चोटी या पोनी टेल में बंधे रहते ताकि खेलने में दिक्कत न हो। बालों के कारण खेल को एकाग्रता नहीं मिल पाती थी। उन्हें रोज शैंपू करके, सुखाकर बांधना पड़ता। एक दिन मैंने खुद ही नाई की दुकान पर जाकर बाल कटवा दिए और आज तक वैसे ही बाल रखती आ रही हूं। मैं नहीं जानती थी कि मेरा 'हेयरकट' आने वाले समय में लड़कियों के लिए 'ब्वाय-कट' बन जाएगा।

सिद्धार्थ : आपके रोल-मॉडल कौन थे?

किरण : माता-पिता मेरे रोल-मॉडल थे। मेरा लक्ष्य था कि उनके लिए सम्मान अर्जित करूं। उन्होंने मेरे लिए सब कुछ किया, मैं भी उनके लिए कुछ करना चाहती थी। मैं ईश्वर से प्रार्थना करती कि माता-पिता के त्याग को सार्थक बनाने योग्य हो सकूं। एक ऐसा जीवन जीऊं कि जो पाया है, उससे कहीं अधिक लौटा सकूं।

आज माता-पिता के बिना मेरा कोई अस्तित्व न होता। शायद मैं आजीवन दूसरों पर आश्रित रहती। यदि मेरा फिर से जन्म हो तो यही प्रार्थना है कि वे ही मेरे माता-पिता बनें। मैंने आज तक अपने माता-पिता के हर लिखे व कहे गए शब्द पर पूरा विश्वास रखा है। ये शब्द मेरे लिए किसी कीमती खजाने से कम नहीं हैं, जो आजीवन मेरे लिए सकारात्मक ऊर्जा प्रवाहित करते आए हैं। मेरे माता-पिता का समर्पण व प्रेम ही मेरा आदर्श है। मां तो इस दुनिया में नहीं रहीं किंतु पिता 91 वर्ष के हैं तथा मेरे साथ ही रहते हैं।

सिद्धार्थ : जीवन के प्रत्येक चरण में, सभी को उचित मार्गदर्शन व प्रशिक्षण की आवश्यकता होती है। क्या आपके कोई मार्गदर्शक हैं, क्या आप किसी गुरु के प्रवचन सुनती हैं?

किरण : मैं अनेक प्रवचन सुनती हूं, प्रार्थना करती हूं। मेरे घर में मंदिर भी है किंतु मैंने स्वयं को सीमित नहीं किया हुआ। मेरे पास गुरु, पुस्तकें, ग्रंथ व प्रवचन सब कुछ है किंतु अभी जीवन में वह अवस्था नहीं आई, जहां मैं कह सकूं कि यही अंत है...... यह व्यक्ति मेरा गुरु है परंतु मुझे जीवन में अनेक व्यक्तियों से सीखने का अवसर मिला है।

सिद्धार्थ : आप न केवल अपनी सोच बल्कि छवि से भी अलग दिखती हैं। पोशाक पहनने के तरीके से काफी हद तक 'पुरुषों' जैसी दिखती हैं। क्या आप साड़ी पहनना पसंद नहीं करतीं?

किरण : कपड़ों का संबंध मेरी ज़रूरतों से है जिनमें से प्रमुख है, अपने-आपको ढकना। तभी मैं पूरी बाजू के पठान सूट व जैकेट पहनती हूं; केवल वर्दी के रूप में ही आधी बाजू के कपड़े पहनती हूं। मेरी दूसरी आवश्यकता यह है कि कपड़ों को लेकर किसी परेशानी का सामना न करना पड़े व ज़रूरत पड़ने पर; इनके कारण तेज चलने या भागने में कठिनाई न हो। मेरा काम व रवैया चाहता है कि दोनों हाथ हमेशा खाली हों, उनसे कोई वस्त्र संभालना न पड़े। कुछ लोगों को साड़ियों में ये खूबियां दिखती हैं, वे पहनते हैं, मैं नहीं पहनती।

सिद्धार्थ : आपका जीवनदर्शन क्या है, यह आपके लिए कैसे सहायक रहा?

किरण : परिवर्तन एक नियम है, वृद्धि वैकल्पिक है—बुद्धिमतापूर्वक

चुनें। मैंने इन शब्दों को काफी समय पहले पढ़ा था और कभी नहीं भूली। मैंने सजग भाव से इसमें छिपे संदेश का अभ्यास किया है। मैंने परिवर्तन को स्वीकार करने का अभ्यास किया, जिसे मैं बदल नहीं सकती; साथ ही उसके साथ वृद्धि भी की ताकि समय के साथ चल सकूं। दूसरे, मैं बचाव या परहेज़ की शक्ति में विश्वास रखती हूं। किसी के भी जीवन में 100 बुरी व दर्दनाक घटनाओं में से 90 तो स्वयं उसके द्वारा ही पैदा की जाती हैं, 10 प्राकृतिक होती हैं। मेरी कोशिश होती है कि 10 की संख्या को बढ़ने न दिया जाए।

मैंने विपशयना ध्यान तकनीक से सीखा है कि कुछ भी स्थायी नहीं होता। जो भी है, वर्तमान ही है। अतीत बीत गया है, भविष्य आने को है। मुझे जो भी अधिकतम करना है, वह यहीं और अभी करना है।

सिद्धार्थ : क्या मुझे अपनी एन.जी.ओ.–नवज्योति व इंडिया विज़न फाउंडेशन के बारे में जानकारी देंगी?

किरण : नवज्योति का जन्म 1986 में मादक द्रव्यों के उपचार, कार्यक्रम के रूप में हुआ। हमने आठ पुलिस थानों से आए लोगों के उपचार से आरंभ किया, जो नशे के आदी थे, यह पुलिस इतिहास का सबसे महत्त्वपूर्ण कदम था कि पुलिस थानों को ही चिकित्सा केंद्रों में बदल दिया गया। फिर समय के साथ-साथ यह एक स्थान पर बस गया। संगठन ने झोपड़पट्टी में पल रहे बच्चों के लिए शिक्षा कार्यक्रम चलाए। महिलाओं को व्यावसायिक प्रशिक्षण देते हुए स्वास्थ्य देखरेख, साक्षरता अभियान आदि को प्रोत्साहित किया।

आज इस संगठन के पास ऐसा स्टाफ है, जिसे पूरा वेतन दिया जाता है, जिनमें 250 अध्यापक, डॉक्टर, परामर्शदाता व निरीक्षक शामिल हैं। वे प्रतिदिन 11,000 व्यक्तियों तक सुविधाएं व लाभ पहुंचाते हैं।

जब मुझे रैमन मैग्सेसे पुरस्कार मिला तो मेरी दूसरी एन.जी.ओ. 'इंडिया विज़न फाउंडेशन' का जन्म हुआ। इसका प्राथमिक उद्‌देश्य था कि जेल में रह रहे कैदियों के बच्चों को शिक्षा व महिलाओं को व्यावसायिक प्रशिक्षण प्रदान किया जाए। इस फाउंडेशन के कार्यक्रम भी अग्रणी रहे।

सिद्धार्थ : अपने टी.वी. शो 'आपकी कचहरी' के बारे में कुछ बताएं। इस शो के ढांचे व अपनी भूमिका का विस्तार से वर्णन करें।

किरण : आपकी कचहरी नामक फोरम उनके लिए बनाया गया है, जिनके कुछ मुद्‌दों का कहीं समाधान नहीं हो पाता और वे विश्वास रखते हैं कि ये फोरम किसी रूप में उनका सहायक हो सकता है। यहां आने वाले मामले सिविल होते हैं, आपराधिक मामले नहीं लिए जाते। हम ऐसी ही

शिकायतें लेते हैं, जहां दोनों पक्ष जूरी का निर्णय मानने को सहमत होते हैं।

मेरी भूमिका वहां से प्रारंभ होती है, जब मैं शोध दल व स्टार प्लस द्वारा मामले की विस्तार से बनाई गई रिपोर्ट पढ़ती हूं। मैं व सलाहकार, वे वीडियो देखते हैं; जहां दोनों पक्ष अपनी-अपनी बात रखते हैं, हम उसमें से ऊटपटांग बातें हटा देते हैं। फिर वास्तविक फिल्मिंग की बारी आती है, जहां मैं हर धारावाहिक में एक नया मामला सुलझाती हूं। मामलों की प्रकृति विविध प्रकार की होती है; जैसे—एक महिला को नि:संतान होने के कारण सास से मिली यातना; दो बहनें, एक मृत व्यक्ति की वसीयत पर विवाद कर रही हैं, एक पत्नी है व दूसरी रखैल; एक पीड़ित पत्नी अपने असंवेदनशील पति को कचहरी लाती है ताकि बच्चे के भविष्य के लिए, अपने हक की लड़ाई लड़ सके। मैं बहुत ही करुणापूर्ण तरीके से एक प्रश्नकर्ता, परामर्शदाता, मध्यस्थ व समझौता कराने वाले की सभी भूमिकाएं निभाते हुए मामले निपटाती हूं जोकि कानून, अधिकार व सामाजिक समानता की दृढ़ बुनियाद पर आधारित होते हैं।

सिद्धार्थ : आप भ्रष्टाचार-विरोधी आंदोलन में अन्ना हजारे के दल की सक्रिय सदस्या रही हैं। उनके विषय में क्या कहना चाहेंगी?

किरण : अन्ना हजारे भारत के अगले महात्मा हैं। उन्होंने लिंग, भेद व जाति से परे सभी युवाओं को प्रेरित किया है, वे चिंगारी की तरह हैं; उन्होंने उस समस्या को छुआ, जो सबके दिल में छिपी थी। उनसे मिलना, उनके साथ काम करना व कुछ सीखना बहुत बड़े सौभाग्य की बात है। अन्ना हजारे का आशीर्वाद पाने वाले को, देश के नाम अर्पित करने के लिए किसी वस्तु की आवश्यकता नहीं रहती। मैं अन्ना हजारे के लिए प्रार्थना करती हूं। उन्होंने हमें देश की भलाई के लिए, सही मायनों में बलिदान व त्याग की प्रेरणा प्रदान की है।

सिद्धार्थ : अंत में, युवाओं के लिए आपका क्या संदेश है?

किरण : मैंने सदा कहा है, युवाओं के पास दो बड़ी संपत्तियां हैं—स्वास्थ्य व समय, एक महान मेल। यदि आपके पास अच्छी सेहत व समय हैं तो उसका बेहतर उपयोग करें। तभी राजा-रानी बन पाएंगे। यदि इन्हें खो दिया तो शेष जीवन भिखारियों की तरह बिताना होगा, तो जीवन के पहले 20-22 वर्षों में इस पर कार्य करें व पूरा जीवन एक राजा की तरह जीवन पर राज करें।

कर्मठ, जुझारू और सशक्त महिला : किरण बेदी

परिशिष्ट 'अ'
सरकारी सेवा के लिए रैमन मेग्सेसे पुरस्कार (1994) का प्रशस्ति लेख

एशिया में कोई भी संबंध इतना द्विमुखी नहीं है, जितना कि पुलिस व जनता के बीच का संबंध है। जब पुलिस व्यवस्था कायम करने, सार्वजनिक सुरक्षा को सुनिश्चित करने या किसी क्षेत्र को गतिहीन बना देने वाले यातायात के नियंत्रण का काम करती है तो वह अनिवार्य नागरिक सुविधाएं दे रही होती है किंतु लगभग हर स्थान पर उसकी प्रतिष्ठा पर अयोग्यता व छोटे-बड़े दुर्व्यवहार का कलंक लग ही जाता है। अधिकतर लोगों के लिए पुलिस अच्छी व सकारात्मक नहीं बल्कि एक अनिवार्य बुराई-भर है। भारत की सबसे उच्चपदस्थ महिला अधिकारी व दिल्ली की वर्तमान जेल महानिरीक्षक किरण बेदी का मानना है कि पुलिस और अच्छा काम कर सकती है।

उनके रुढ़िविरोधी माता-पिता ने उनमें प्रतियोगिता व समानता के स्तर पर सोचने की भावना विकसित की। बेदी ने स्कूली शिक्षा के साथ-साथ पारिवारिक खेल टेनिस में भी दक्षता पाई। बड़ी सरलता से स्नातक व स्नातकोत्तर उपाधियां हासिल करने के बाद 1972 में, बाईस वर्ष की आयु में एशियाई महिला लॉन टेनिस चैंपियनशिप जीती। उसी वर्ष वे पुलिस अकादमी में भर्ती हुईं व 1974 में गरिमामय पुलिस सेवा की पहली महिला सदस्य बनीं। उनकी नियुक्ति राजधानी में हुई व पद तथा प्रतिष्ठा में तेजी से वृद्धि होती गई। 1978 में उन्होंने, पुलिस के डंडे के बल पर ही तलवार व लट्ठधारी आंदोलनकारियों का सामना किया व राष्ट्रपति पुरस्कार पाया।

दिल्ली के पश्चिमी व उत्तरी जिलों की पुलिस डिप्टी कमिश्नर के रूप में, बेदी ने नीले सफेद रंग के पुलिस सहायता केंद्र बनवाकर वहां सिपाहियों

को तैनात किया, ताकि नागरिक उनसे संपर्क कर सकें। उन्होंने अनुकूल कर्ज़ व सहायता का प्रबंध कर अवैध शराब बनाने वालों को ईमानदारी से जीविका कमाने की ओर उन्मुख किया। उनकी पहल से महिला शांति समितियों की स्थापना हुई जिससे परस्पर मैत्रीभाव विकसित हुआ, जैसे-जैसे समाज का सहयोग बढ़ता गया, अपराधों की संख्या गिरती गई। नशीले पदार्थों के सेवन व अपराधवृत्ति के बीच संबंध का अवलोकन कर, बेदी ने जनता की सहायता पर आधारित नशा मुक्ति केंद्रों की स्थापना की। आगे चलकर उन्होंने नारकोटिक कंट्रोल ब्यूरो की उपनिदेशक के रूप में, अधिक विस्तृत क्षेत्र में प्रयोग के लिए इसी नमूने को अधिक विकसित किया।

नई दिल्ली की यातायात व्यवस्था की अध्यक्ष के रूप में उन्होंने इतनी सावधानी से योजनाएं तैयार कीं व उन्हें इतने कठोर व निष्पक्ष रूप से लागू किया कि 1982 के एशियाई खेलों के दौरान भी राजधानी के वाहनों का पंचमेल कारवां अबाध रूप से चलता रहा–हालांकि वे मानती हैं कि इस प्रक्रिया में उन्होंने कुछ दुश्मन भी बना लिए।

1993 में, बेदी ने जेलों की महानिरीक्षक (दिल्ली) के रूप में, भारत के सबसे बड़े जेल समूह तिहाड़ का पदभार संभाला। निर्दयता से खचाखच भरे इस संशोधन-स्थल में 8,000 से भी अधिक कैदी रहते थे, जिनमें से 90 प्रतिशत केवल मुकदमे की राह देख रहे, हवालाती थे। बेदी ने शीघ्र ही तिहाड़ की काया पलट कर दी। आज यहां के कैदी एक निश्चित कार्यक्रम के अधीन काम, पढ़ाई व खेल आदि में व्यस्त रहते हैं। अनपढ़ कैदी पढ़ना-लिखना सीखते हैं व अन्य कैदी सहायक कॉलेजों से ऊंची डिग्रियां पाते हैं। जेल की वर्कशॉप में, वे अपने हुनर के बल पर पैसा कमाते हैं व तिहाड़ के नए बैंक में जमा करते हैं। वे अपनी पंचायत द्वारा सामुदायिक अनुशासन तथा खेलों व मनोरंजन की जिम्मेदारी बांट लेते हैं। योग की कक्षाओं में क्रोध रोकने व एकाग्रता सुधार के लिए ध्यान की तकनीकें सीखते हैं। चलती-फिरती याचिका पेटी में डाली गई शिकायतें उच्चाधिकारियों के पास जाती हैं और उन्हें गंभीरता से लिया जाता है। आज तिहाड़ का चेहरा बदला हुआ है। बेदी की देखरेख में, यहां रहने वाले कैदी सकारात्मक प्रवृत्ति के विकास व व्यावहारिक कौशल के प्रशिक्षण द्वारा, दीवारों के दूसरी ओर की ज़िंदगी को सरलता से बिताने के लिए तैयार हो रहे हैं।

कर्मठ, जुझारू और सशक्त महिला : किरण बेदी

बेदी द्वारा लाए गए हर नवीन परिवर्तन में एक पैटर्न है। इनमें से प्रत्येक परिवर्तन पुलिस व जनता के बीच प्रतिकूल संबंध को तोड़ने का प्रयास करता है व हर परिवर्तन दंड के कठोर हाथ को पुनर्वास के स्निग्ध-सहायक हाथ में बदलने का प्रयास करता है।

पैंतालीस वर्ष की आयु में भी, बेदी में किशोरावस्था वाला ही अनुशासन, आत्मविश्वास व प्रतियोगी उत्साह बना हुआ है। वे न केवल व्यवस्था को चुस्त करने के लिए प्रवृत्त है, बल्कि अधीर भी हैं। उनका मानना है कि "धारा के प्रतिकूल चलना कठिन है किंतु इससे आप कम-से-कम वहां जाते हैं, जहां कोई नहीं पहुंच सकता।"

सरकारी सेवा के लिए 1994 के रैमन मैग्सेसे पुरस्कार के लिए किरण बेदी का चयन करके न्यास समिति इनके गतिशील नेतृत्व, अपराध नियंत्रण के नए उपायों के प्रभावी प्रयोग, नशीली दवाओं के जाल में फंसे लोगों के पुनर्वास व मानवीय जेल-सुधारों द्वारा भारत की पुलिस में आत्मविश्वास जगाने के सफल प्रयास को मान्यता प्रदान करती है।

किरण बेदी का प्रत्युत्तर
31 अगस्त, 1993
मनीला

श्रीमान अध्यक्ष महोदय, श्री मैग्सेसे, न्यासीगण, महिलाओं व सज्जनों बाईस साल पहले, जब मैंने गरिमामय भारतीय पुलिस सेवा में शामिल होने का निश्चय किया तो उसमें 'करने की शक्ति', 'काम करवाने की शक्ति' व 'सुधारने की शक्ति' के लिए बहुत संभावना देखी थी। मेरा मानना है कि किसी भी देश में पुलिस मानवाधिकार व कानून के नियमों की सबसे बड़ी रक्षक हो सकती है। हालांकि यही उन दोनों को भंग करने वाली भी बन सकती है।

रैमन मैग्सेसे पुरस्कार; जिस तरह दूसरों के लिए कारगर है, उसी तरह इसने मेरे लिए भी जादुई स्थितियां बना दी हैं।

1. इस पुरस्कार ने निवारण की शक्ति को मान्यता दी है : प्राय: पुलिस कर्म में अपराध निवारण को अधिक प्राथमिकता नहीं दी जाती। केवल खोजबीन व जब्ती को ही प्राथमिकता व सुर्खियों में स्थान मिलता है।

अपराध व शांति भंग के बचाव पर ध्यान नहीं दिया जाता जबकि इसमें हिंसात्मक अपराधों की सारी संभावनाएं छिपी हैं।

2. जनता के साथ पुलिसिंग की शक्ति : पुलिसिंग जनता के लिए है इसलिए जनता को इसमें अवश्य हाथ बंटाना चाहिए। यदि ऐसा होता है तो सारी प्रणाली को पारदर्शिता व जवाबदेही मिलेगी। जो साधन केवल पुलिस से नहीं आ सकते, वे भागीदारी पुलिस कर्म से आ सकते हैं।

3. दल की शक्ति : पुलिस हो या सरकार; यदि नेता नतीजे पाना चाहते हैं तो उन्हें दलों का गठन करना होगा। दलों को पहल करने की अनुमति देनी होगी; उन्हें प्रतिनिधित्व, समर्थन व प्रशिक्षण देना होगा। इसका पूरा बल व्यावसायिक निष्ठा पर होना चाहिए। उनके कार्यों में हस्तक्षेप से बचना होगा। वैसे तो व्यक्तिगत उदाहरण महत्त्व रखते हैं किंतु उपलब्धियां सांझी हों तो कार्यसिद्धि की प्रेरणा भी मिलती है। इससे केवल सुरक्षा बनाए रखना नहीं बल्कि 'सुरक्षा रचना' भी संभव होगी।

इस पुरस्कार ने मुझे अपने कार्य को आगे बढ़ाने व संघटित करने की प्रेरणा दी है। इसके लिए मैंने 'इंडिया विज़न' नामक ट्रस्ट को पंजीकृत करवाया है, इन दिनों इस पर कार्य चल रहा है। जेल सुधार, नशीले पदार्थों के व्यसन का निवारण, महिला सशक्तीकरण, मानसिक अपंगता व खेल-कूद प्रवर्तन के क्षेत्रों में परियोजनाएं चलाई जाएंगी। मैं इन परियोजनाओं में आपसे समर्थन की अपेक्षा रखती हूं।

मैं अपने पुलिस जेल व जनता के मिलेजुले दल व अपने परिवार की ओर से फाउंडेशन व फिलीपींस के लिए पूर्ण कृतज्ञता प्रकट करते हुए रैमन मैग्सेसे पुरस्कार स्वीकार करती हूं।

इस समारोह के लिए रवाना होने से पहले, मुझे जेल मुख्यालय से डी.आई.जी. श्री सारंगी का फोन आया, जिन्होंने बताया कि इस समय मेरे सारे 9, 100 कैदी, जेल परिसर में ही एक विशेष समारोह मना रहे हैं।

धन्यवाद!

(डॉ. किरण बेदी)

परिशिष्ट ब

किरण बेदी का संक्षिप्त जीवन परिचय

(वेबसाइट : www.kiranbedi.com)

व्यक्तिगत जानकारी

माता-पिता : प्रकाश व प्रेम पेशावरिया

बहनें : चार बहनें- 1. शशि (कनाडा में रह रही हैं) 2. किरण (स्वयं) 3. रीटा, एक क्लीनिकल साइकोलॉजिस्ट, टेनिस चैंपियन व अपने पति डॉ. कीर्ति मेनन के सहलेखन में लिखी गई पुस्तक (बिहेवियरल थेरेपी) की लेखिका। 4. अनु (एक जानी-मानी इमीग्रेशन वकील, नेशनल टेनिस चैंपियन (तीन बार) व विंबलडन खिलाड़ी) विवाहित, एक पुत्री–साइना, अब पुत्री का विवाह हो चुका है, वे 'साइना रुज़बेह भरुचा' कहलाती हैं। पति–श्रीबृज बेदी, एक टेक्सटाइल इंजीनियर, टेनिस खिलाड़ी व सामाजिक कार्यकर्ता।

शैक्षिक जानकारी

स्कूल–सैकर्ड हार्ट स्कूल, अमृतसर

स्नातक अंग्रेजी (ऑनर्स) महिला सरकारी कॉलेज (अमृतसर)

पंजाब विश्वविद्यालय से राजनीति विज्ञान में स्नातकोत्तर उपाधि, चंडीगढ़ (विश्वविद्यालय में टॉप)

कानून की डिग्री–दिल्ली विश्वविद्यालय, नई दिल्ली

पी एच.डी.–आईआईटी दिल्ली (सामाजिक विज्ञान विभाग), मादक द्रव्यों व घरेलू हिंसा पर

तिहाड़ जेल के कार्यकाल में किए गए सुधारात्मक कार्यों के लेखन पर जवाहरलाल नेहरू फैलोशिप से सम्मानित

गुरुनानक देव विश्वविद्यालय द्वारा मानद उपाधि से सम्मानित

'जेल सुधारों व पुलिसिंग' में मानवीय पहल के लिए, न्यूयार्क के प्रतिष्ठित सिटी विश्वविद्यालय द्वारा लॉ की मानद उपाधि।

खेल

राष्ट्रीय जूनियर टेनिस चैंपियन रहीं।

राष्ट्रीय सीनियर टेनिस चैंपियन रहीं।

एशियाई टेनिस चैंपियन रहीं। विदेशों में भारत का प्रतिनिधित्व

प्रमुख पुरस्कार

– रैमन मैग्सेसे पुरस्कार (फिलीपींस) सरकारी सेवा के लिए। (यह एशियाई नोबल पुरस्कार के बराबर है)

– संपूर्ण व नवीन प्रबंधन के लिए जोसेफ बीअस फाउंडेशन पुरस्कार स्विस पुरस्कार से सम्मानित

– भारत में न्याय गुणवत्ता में सुधार के लिए मॉरीसन टॉम गिचऑफ पुरस्कार (यूएसए)

– मानव कल्याण, महिला अधिकार, उल्लेखनीय सेना व धर्मनिरपेक्ष मूल्यों के लिए वचनबद्धता के लिए; प्राइड ऑफ इंडिया (यूएसए) पुरस्कार से सम्मानित

– वूमन ऑफ ईयर पुरस्कार 2002 (इटली)

– भारत के राष्ट्रपति द्वारा वीरता के लिए पुलिस पदक

– कल्याणकारी पुलिसिंग के लिए चिन्मॉय पुरस्कार (2003)

– मानवता के प्रति सेवा के लिए, सहेली, बोस्टन (2004)

– यूएन पदक से सम्मानित

– सामाजिक न्याय के लिए मदर टेरेसा पुरस्कार, 2005

– मीडिया व लोकप्रिय संस्कृति में महिला नेतृत्व के लिए, व्हाईट हाउस परियोजना ईपीआईसी द्वारा ग्लोबल ट्रेलब्लेज़र पुरस्कार (2010)

– 'आपकी कचहरी' शो के सबसे दमदार सदस्य के रूप में स्टार परिवार पुरस्कार (2010)

महत्त्वपूर्ण निमंत्रण

मादक द्रव्यों के बचाव व उपचार तथा जेल सुधार आदि विषयों पर अमरीकी, यूरोपियन व एशियाई अंतर्राष्ट्रीय मंचों से भारत का प्रतिनिधित्व।

– अंतर्राष्ट्रीय पुलिस चीफ कांफ्रेंस (1992), यू.एस.ए. के नाम संबोधन

– यू.एस.ए. राष्ट्रपति के साथ नेशनल प्रेयर ब्रेकफास्ट में शामिल (1995)

– ब्रिटिश विदेश अधिकारी के निमंत्रण पर ब्रिटिश जेलों का दौरा (1995)

– डेनमार्क में, संयुक्त राष्ट्र के विश्व सामाजिक सत्र में हिस्सा (1995)

– बीजिंग में यू.एन. महिला कांफ्रेंस में भाग (1995)

– न्यूयार्क में, संयुक्त राष्ट्र की नशामुक्ति कांफ्रेंस में भाग (1998)

– मॉरीशस द्वारा निमंत्रित; ताकि कानून लागू करने वाली एजेंसियों को घरेलू हिंसा से बचाव के मामले में प्रशिक्षण दे सकें (1998)

– पाकिस्तान, इस्लामाबाद, एंटी नाटकोटिक, नियोजन व विकास, सार्क कार्यशाला में हिस्सा (1998)

– बक्सटन, यू.के. जेल गवर्नर एसोसिएशन की वार्षिक कांफ्रेंस में संबोधन का निमंत्रण, मार्च (2000)

यू.एस. सरकार न्याय विभाग द्वारा आयोजित, सीनियर क्रिमीनल जस्टिस एग्जीक्यूटिव प्रोग्राम के चौथे सत्र में संबोधन (बैंकॉक, नवंबर 2000)

– 'वेलफेयर पुलिसिंग' नामक विषय पर प्रोफेसर अमर्त्यसेन से बातचीत के लिए पैनलिस्ट के रूप में निमंत्रण (ओस्ले, नार्वे, मार्च 2002)

पुस्तकें

'यह हमेशा संभव है'–संसार की विशालतम जेल, तिहाड़ जेल के रूपांतरण पर।

'व्हाट वेंट रांग' जीवन की सच्ची घटनाओं का संग्रह (पहले दूरदर्शन पर धारावाहिक के रूप में प्रकाशित),

'हिम्मत है!' व 'द काइंडली बैटन'–जीवनियां

'जैसा मैंने देखा' व 'इश्यू तथा व्यू'–सामाजिक मुद्दों पर आधारित

गवर्नमेंट व नेट–सहलेखन; ई–गवेर्नंस पर आधारित

ब्रूम एंड ग्रूम-सहलेखन, सिविक सेंस पर आधारित

राष्ट्रीय पत्रों में नियमित स्तंभ लेखन–टाइम्स ऑफ इंडिया, द ट्रिब्यून, पंजाब केसरी, नवभारत टाइम्स व इंडियन एक्सप्रेस (उत्तरी अमरीका संस्करण)

परिशिष्ट 'स'
डॉ. किरण बेदी का कैरियर

1972 में, भारतीय पुलिस सेवा में भर्ती (भारत में ऐसा करनेवाली प्रथम महिला)

अनेक प्रकार के पदों का कार्यभार संभाला; जिनमें जिला पुलिस, दिल्ली के नवें एशियाई खेलों के दौरान दिल्ली यातायात पुलिस व गोवा में राष्ट्रमंडल प्रमुखों की मीटिंग के दौरान विशेष यातायात, नारकोटिक कंट्रोल ब्यूरो व डी.आई.जी. (मिज़ोरम) जैसे पद उल्लेखनीय रहे।

आई.जी. (जेल) तिहाड़, दिल्ली।

ले. गवर्नर की विशेष सचिव, दिल्ली व दिल्ली पुलिस के साथ संयुक्त कमिश्नर।

वह आई.जी. (पुलिस), चंडीगढ़ तथा दिल्ली पुलिस में ज्वाईंट कमिश्नर ऑफ पुलिस (प्रशिक्षण) भी रहीं।

संयुक्त राष्ट्र के, पीसकीपिंग ऑपरेशन विभाग से सिविलयन पुलिस सलाहकार के रूप में वापसी, डायरेक्टर जनरल होमगार्ड व डायरेक्टर सिविल डिफेंस

अंत में डायरेक्टर जनरल, बी.पी.आर. एंड डी. (ब्यूरो ऑफ पुलिस रिसर्च एंड डेवलेपमेंट, घरेलू मामलों का मंत्रालय) के रूप में नियुक्ति; सेवा से स्वैच्छिक सेवानिवृत्ति, 26 दिसंबर 2007 से। (कार्यकाल समाप्त होने में अठारह माह शेष थे।)

विशेष रुचियां (सामुदायिक कार्य)

दो संगठनों की स्थापना

1. नवज्योति पंजीकृत (1987)

'नवज्योति को 1999 में नशा मुक्ति व उपचार के क्षेत्र में उल्लेखनीय

126 *कर्मठ, जुझारू और सशक्त महिला : किरण बेदी*

योगदान के लिए यू.एन. आधारित, सर्व सोटीरॉफ मेमोरियल पुरस्कार से सम्मानित किया गया। यह पुरस्कार 26 जून 1999 को, अंतर्राष्ट्रीय दिवस पर प्रदान किया गया।

नवज्योति को निर्धन छात्रों की शिक्षा व पुनर्वास कार्यक्रमों के लिए दिल्ली सरकार द्वारा प्रायोजित राज्य पुरस्कार भी दिया गया। नवज्योति शिक्षा महिला सशक्तीकरण, मादक द्रव्यों की मांग में कमी, स्वास्थ्य की देखरेख, पारिवारिक परामर्श केंद्र, व्यावसायिक प्रशिक्षण व पर्यावरण के माध्यम से करीब 4200 बच्चों को अपनी सेवाएं दे रही हैं।

2. इंडिया विज़न फाउंडेशन पंजीकृत (1994)

यह संस्था निम्नलिखित सेवाएं प्रदान करती हैं :

1. कैदियों के बच्चों को शिक्षा

2. ग्राम समुदाय के लिए ग्रामीण परियोजनाएं

3. संवेदनशील परिवारों के बच्चे परियोजना

4. स्कूल के बाद स्कूल

5. वेविंग बिहाइंड बार्स

6. बालवाड़ी प्रशिक्षण परियोजना

7. जीवन कौशल परियोजना

वेबसाइट्स

1. www.saferindia.com (जनता शिकायत सेल)

2. www.indiapolice.in (पुलिस परिवारों से आए बच्चों के लिए)–ताकि उन्हें कंप्यूटर प्रशिक्षण व छात्रवृत्ति कार्यक्रम उपलब्ध कराए जा सकें।

उन्होंने '10 सर्वाधिक प्रशंसित भारतीयों' में पांचवा स्थान प्राप्त किया, यह जनसर्वेक्षण प्रसिद्ध पत्रिका 'द वीक' व मार्केटिंग रिसर्च व ओपीनियन पोलिंग एजेंसी टीएनएस मोड द्वारा किया गया। इसे 10 सितंबर, 2002 के संस्करण में प्रकाशित किया गया।

सितंबर, 2002 को 'द वीक' के एक और संस्करण में उन्हें 'सर्वाधिक प्रशंसित महिला' चुना गया। एक राष्ट्रव्यापी टीएन सोफ्रेस मोड पोल में वे 'दस सर्वाधिक प्रशंसित महिलाओं' में पहले स्थान पर रहीं। इसे 'द वीक' के 15 सितंबर, 2002 संस्करण में प्रकाशित किया गया।

परिशिष्ट 'द'
स्टार परिवार अवार्ड्स (2010) में डॉ. किरण बेदी का अनुमोदन भाषण

7 जून, 2010

मुंबई

अनेक वर्ष बीत गए किंतु कुछ बातें मेरे जीवन में पहली बार घट रही हैं। मैंने इसके लिए (आपकी कचहरी) एक भी रिहर्सल नहीं की। मैं इस शो में लाने के लिए उदयशंकर जी (सी.ई.ओ., स्टार इंडिया) को धन्यवाद देना चाहूंगी, उन्होंने यह भरोसा जताया कि मैं एक न्यायी जज की भूमिका निभा सकती हूं। मैं यह अवार्ड उदय व सिद्धार्थ वासु की टीम को समर्पित करना चाहती हूं, जिनके प्रयासों से ही यह सामने आ सका। अब इस कार्यक्रम के कारण, मुझे और ज्यादा लोग पहचानने लगे हैं।

मैं जहां भी जाती हूं, लोग रोककर कहते हैं, "आपकी कचहरी, कृपया यहां आएं।" मैं हैरान होती हूं कि ये सब कब हुआ। जब मैं टोरंटो, यू.ए. ई. गई व सुदूर इलाके के लोगों ने मुझे कहा "आपकी कचहरी, कृपया यहां आएं!" तो वाकई मुझे बड़ी प्रसन्नता अनुभव हुई।

धन्यवाद!

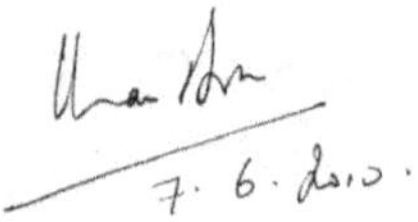

7. 6. 2010.

डॉ. किरण बेदी

कर्मठ, जुझारू और सशक्त महिला : किरण बेदी

www.ingramcontent.com/pod-product-compliance
Lightning Source LLC
LaVergne TN
LVHW021353080426
835508LV00020B/2263